AF353330

Mirko Cova

Cina
Usi, costumi e tradizioni

MORELLINI EDITORE

Copyright 2024 © Morellini Editore by Enzimi Srl

Via Porro Lambertenghi, 7
20159 Milano
www.morellinieditore.it
info@morellinieditore.it
facebook.com/MorelliniEd

Grafica: márGo

ISBN: 978-88-6298-518-5

Prima edizione: aprile 2024

Tutti i diritti sono riservati a norma di legge e a norma delle convenzioni internazionali.

Stampa: Rotomail S.p.A. – Vignate (MI)

Indice

Indice

4. Cultura e società

5. Affari in Cina

6. I cinesi

7. La vita quotidiana dei cinesi

KAZAKHSTAN
KYRGYZSTAN
TJ
AF
PAKISTAN
Ürümqi
XINJIANG
QINGHAI
TIBET
Lhasa
NEPAL
BHUTAN
INDIA
BANGLADESH
MYANMAR
Bay of Bengal
THAILAN

RUSSIA
LIA
HEILONGJIANG
Harbin
Changchun
JILIN
NEI MENGGU
Shenyang
LIAONING
NORTH
KOREA
Sea
of Japan
Hohhot
BEIJING
Korea
Bay
HEBEI
Tianjin
Gulf of
Chihli
SOUTH
KOREA
Yinchuan
Shijiazhuang
Taiyuan
NINGXIA
SHANXI
Jinan
SHANDONG
Yellow
Sea
Zhengzhou
Xi'an
HENAN
JIANGSU
SHAANXI
ANHUI
Nanjing
JAPAN
Hefei
Shanghai
HUBEI
East
engdu
Wuhan
Hangzhou
Chongqing
ZHEJIANG
China Sea
Nanchang
Changsha
GUIZHOU
HUNAN
JIANGXI
Fuzhou
Guiyang
FUJIAN
TAIWAN
GUANGXI
GUANGDONG
PACIFIC
Guangzhou
Nanning
Hong Kong
Macao
TNAM
OCEAN
Gulf
of Tonkin
Haikou
HAINAN
South China Sea
PHILIPPINES

Nota linguistica

La lingua cinese è una lingua che si scrive con caratteri che costituiscono l'unità minima di significato della lingua e ogni carattere ha una sua pronuncia.

Il termine ideogrammi è inappropriato, poiché solo una parte dei caratteri sono ideogrammi, mentre la maggior parte sono composti di più elementi per trasmettere un significato e la pronuncia specifica.

Per la trascrizione dei caratteri in lettere occidentali verrà utilizzato il metodo *pinyin*, che è il metodo ufficiale di trascrizione in lettere latine della lingua cinese e che dà una lettura precisa del suono e della pronuncia.

Per esempio Pechino si trascriverà *Beijing* (diverso dalla trascrizione *Peking* utilizzata dagli anglosassoni fin nel corso del Novecento). Approfondiremo comunque meglio nel capitolo dedicato alla lingua cinese.

Introduzione

Per millenni, i cittadini cinesi hanno creduto di aver istituito un sistema sociale impeccabile, il quale ha mantenuto la sua essenza invariata fino al XX secolo. Negli ultimi cento anni, tuttavia, la Cina ha attraversato notevoli mutamenti politici ed economici, spesso affrontando pesanti conseguenze. Con l'avvento del nuovo millennio, sembra finalmente integrarsi con il resto del mondo come una potenza emergente e una forza stabile nella comunità globale.

Attualmente, la Cina sta sfruttando il talento della sua popolazione, dinamica e laboriosa, anziché reprimendolo, al fine di promuovere prosperità e stabilità. La vecchia generazione di funzionari burocrati, che otteneva posizioni non per meriti ma attraverso legami con il partito comunista, sta cedendo il passo a una nuova generazione di individui, sempre più istruiti e carismatici, che desiderano assorbire nuove idee.

I cittadini cinesi si sentono fieri delle realizzazioni del loro paese e dell'influenza considerevole della loro antica civiltà, senza più subire la repressione imposta durante la Rivoluzione Culturale. I valori tradizionali, come la famiglia, l'istruzione, il rispetto per gli anziani, la lealtà verso i superiori e le festività tradizionali, sono ora celebrati senza restrizioni, insieme all'immenso patrimonio materiale e culturale che include migliaia di libri, rotoli e dipinti antichi, statue e altri tesori artistici.

Caratteristiche generali

Il nome ufficiale è Repubblica Popolare Cinese (RPC), in mandarino, *Zhonghua Renmin Gong He Guo*. L'isola di Taiwan, che ha un suo governo, è chiamata Repubblica di Cina.

La capitale è Pechino (Beijing) mentre le città principali sono Chongqing, Shenyang Wuhan, Nanjing (Nanchino), Harbin. Per quanto riguarda i porti, i principali sono Tianjin, Shanghai, Qingdao Guangzhou (Canton).

Territorio e clima

La Cina è il terzo Paese al mondo per dimensioni, con una superficie di 9.571.300 km². Il territorio, per due terzi montagnoso o desertico, è molto vario: colline ondulate e pianure a est; montagne, deserti e bacini aridi nel nord e nel nord-ovest; montagne nel sud; le pianure alluvionali dell'est sono irrigate dal Fiume Giallo (Huang He) e dal Fiume Azzurro (Chang Jiang, cioè Lungo Fiume o Yangtze), e dal Xin Jiang (o Fiume Aksu).

Il clima è molto variabile. Nel nord è arido, con estati molto calde e inverni molto freddi e secchi. Il sud e l'est sono più caldi e umidi, con piogge che cadono per tutto l'anno, ma con una temperatura più costante. A questi si aggiungono i numerosi climi delle varie catene montuose, dei deserti e delle valli che percorrono il paese.

Popolazione

È il secondo Paese più popolato al mondo, con una popolazione di **1.425.000.000 abitanti** (dati 2024), dopo lo storico sorpasso da parte dell'India ad aprile 2023. La maggioranza della popolazione vive nella zona centro-orientale, nelle pianure alluvionali e nelle grandi metropoli: a Shanghai ci sono 4859,67 abitanti per km^2; a Pechino 1150,64 per km^2; in Tibet, invece, meno di 2 per km^2. Nel 2011 le statistiche ufficiali hanno segnato una svolta, registrando più abitanti nelle città rispetto alle campagne. Per ora la percentuale è poco superiore al 50% a favore delle aree urbane ma in crescita.

Malgrado le restrizioni ufficiali molti contadini continuano ad abbandonare le zone rurali impoverite per cercare lavoro nelle città.

Nonostante la vastità del territorio, quasi il 90% della popolazione cinese risiede in appena la metà della sua superficie. Il governo ha implementato politiche per spingere il trasferimento di cinesi Han verso ovest, influenzando l'equilibrio demografico e generando tensioni con le popolazioni locali.

Circa il 93% dei cinesi sono Han; il resto è formato dalle minoranze etniche o "nazionali". La popolazione non-Han non è molto numerosa, ma è concentrata nelle zone di confine e pertanto è importante dal punto di vista politico. Le fasce d'età sono così strutturate: **0-14 anni: 17,1%, 15-24 anni: 14,7%, 25-54 anni: 47,2%, 55-64 anni: 11,3%, 65 anni ed eccedenza: 9,6%** (dati al 2014). La speranza di vita alla nascita in Cina è di circa 77.4 anni.

Economia

La moneta è il **Renminbi** (RMB), "moneta del popolo", ed è chiamata anche yuan. 1 renminbi (yuan) = 10 jiao = 100 fen. Ci sono banconote da 1, 5, 10, 50 e 100 yuan.

È in transizione da una moneta "debole" a una "forte". Un euro equivale a circa 7,7 RMB (dati 2019).

Le risorse della Cina sono innumerevoli, e molte devono ancora essere sfruttate. Tra queste, spiccano il petrolio nel Mar Cinese Meridionale e nel nord-ovest; vaste riserve minerarie; foreste nel sud.

La Cina è autosufficiente per i prodotti alimentari e alimenta quasi un quarto della popolazione mondiale grazie ai prodotti ortofrutticoli, coltivati solo nel 15-20% del suo territorio perché il resto non è coltivabile.

Il PIL attualmente ha un tasso stimato di crescita dell'otto %, grazie al quale la Cina è il mercato dell'Asia in miglior salute.

Negli ultimi anni, il tasso di crescita è rallentato attorno attestandosi nel 2018 al +6,7%, ragguardevole ma che pone degli squilibri data l'enormità della popolazione. Viene esportata ogni tipologia di prodotti finiti manifatturieri e industriali, fra cui materiali tessili, abbigliamento, elettronica, armi, acciaio ecc.

Elettricità

L'elettricità prevede un voltaggio di 220 V/50 Hz. Le prese di corrente a parete hanno di norma tre fori. Negli alberghi ci sono degli adattatori di voltaggio, ma si consiglia di portarne uno.

Mezzi di informazione

Tradizionali: sono controllati dallo stato e soggetti alla censura, ma sempre più indipendenti. Il "Renmin Ribao" (il Quotidiano del Popolo) è il giornale ufficiale del partito. La CCTV o Televisione centrale cinese è la TV di stato ed è dotata di otto canali.

Esistono anche circa trecento TV e radio regionali e un numero sempre maggiore di emittenti straniere. Ci sono più di duemila giornali, ottomila riviste e cinquecento sessantasei case editrici.

In lingua inglese: la CCTV trasmette in inglese e in altre lingue straniere. La stampa in lingua inglese è molto attiva ed è in prevalenza gestita dallo Stato. Il «China Daily» è pubblicato sei giorni alla settimana, la domenica il «Business Weekly». Ci sono anche riviste per la comunità straniera che elencano eventi di vario tipo.

Il prefisso telefonico internazionale è 00 86.

Fuso orario

GMT + 8 ore. La Cina è avanti di 7 ore rispetto all'Italia, di 6 quando in Italia è in vigore l'ora legale.

Anche se la Cina attraversa cinque fusi orari, viene sempre utilizzato l'orario di Pechino.

1. Geografia e territorio

La vastità territoriale della Repubblica Popolare Cinese si estende su una superficie complessiva di 9,9 milioni di km², posizionandosi come il terzo paese più esteso al mondo, superato solamente da Russia e Canada. La sua larghezza da est a ovest misura 5.200 km, mentre quella da nord a sud è di circa 5.000 km. Il territorio cinese include oltre 5.400 isole, comprendendo anche scogli privi di vegetazione che vengono sommersi durante l'alta marea.

Nonostante la considerevole distanza tra Pechino e le regioni più remote, come il Xinjiang o il Tibet, che attraversa almeno cinque fusi orari da est a ovest, **l'intera Cina adotta l'orario di Pechino**. Questo porta a una differenza spesso di due ore, fino a tre ore tra Pechino e Kashgar, la città più occidentale dello Xinjiang. Di conseguenza, gli uffici pubblici aprono a orari insolitamente tardivi, con l'ora solare che diverge notevolmente da quella di Pechino.

Le **temperature** in Cina variano ampiamente, con alcune regioni situate nelle zone tropicali e subtropicali, mentre il nord presenta un clima glaciale. La Cina settentrionale sperimenta estati calde e umide, mentre l'inverno è lungo e freddo. Al contrario, il sud mantiene una vegetazione verde tutto l'anno, con regioni costiere caratterizzate da un clima caldo e umido e quattro stagioni distinte.

Il confine sud-occidentale della Cina è delimitato dalla catena montuosa dell'Himalaya, che include il Jomolangma Feng o Everest. A nord-ovest scorre il Tarim, il più grande fiume interno del mondo. La vasta depressione di Turpan, nota come l'"oasi di fuoco", è situata a est del bacino del Tarim e rappresenta la zona più calda della Cina, con temperature estive che raggiungono i 49 °C. Nel Xinjiang, oltre al deserto di Taklimakan, il più grande della Cina, si estende l'immensa prateria deserta dell'Altopiano della Mongolia Interna, caratterizzata da inverni estremamente freddi e frequenti tempeste di sabbia provenienti dal deserto del Gobi.

Solo il 20% del territorio cinese è adatto alla coltivazione, ma il paese è ricco di risorse naturali inesplorate. Mentre alcune zone desertiche erano in passato importanti mercati lungo la Via della Seta, oggi sono sfruttate per i loro vasti giacimenti di petrolio e gas naturale, anche se non sempre a vantaggio delle comunità locali.

Montagne e fiumi

La vastità geografica della Cina, che si estende dai deserti e dalle montagne dell'Asia Centrale alle foreste tropicali al confine con Vietnam, Laos e Birmania, e dalle regioni limitrofe della Siberia alle isole tropicali nel Mar Cinese Meridionale, la rende un paese caratterizzato da una straordinaria diversità di climi e ambienti.

Particolarmente rilevante è la presenza dell'altopiano tibetano, il Qinghai-Tibet, che detiene il primato mondiale di altopiano più elevato.

Circondato dai monti Kunlun a nord, dal Karakorum e dal Pamir a ovest, e dall'Himalaya a sud, questo altopiano ospita le montagne più alte del mondo, l'Everest e il K2, segnando i confini con Nepal e Pakistan. L'Everest, conosciuto come Chomolungma in tibetano, assume un significato simbolico importante per le popolazioni locali, rappresentando la "Madre dell'Universo."

Altre montagne di rilevanza spirituale includono il Kailash, sacro per l'Induismo e considerato il centro del mondo dal Buddhismo tibetano. Nonostante la sua importanza, il Kailash è rimasto inviolato da scalate umane a causa del suo valore spirituale.

Le montagne sono anche la fonte dei principali fiumi che hanno plasmato e continuano a influenzare la geografia, la storia e la vita di miliardi di persone in Cina e in Asia. La leggenda dei quattro draghi – il Grande Drago, il Drago Giallo, il Drago Nero e il Drago di Perla – che trasformarono le acque del Grande Mare d'Oriente in quattro grandi fiumi, contribuisce a narrare l'importanza di questi corsi d'acqua.

Il Fiume Azzurro, noto come Chang Jiang in cinese e Yangtze comunemente, è il fiume più lungo dell'Asia e il terzo nel mondo. Il suo corso delinea il confine culturale, linguistico e naturale tra la Cina settentrionale e meridionale. Alcuni tratti del fiume, come a Shigu nello Yunnan, presentano caratteristiche uniche, come una rotazione di 180°.

La costruzione della Diga delle Tre Gole nel 2006 ha suscitato critiche per l'impatto ambientale e lo spostamento di molte persone.

Il Fiume Giallo, derivato dal Drago Giallo, scorre attraverso la Cina settentrionale ed è associato al primo nucleo della civiltà cinese. La sua natura mutevole e ingovernabile ha causato inondazioni e danni storici, contribuendo a creare leggende e folklore intorno a questo fiume.

Il Fiume delle Perle, originato dal Drago di Perla, ha un ruolo storico ed economico di primaria importanza per il sud della Cina. La sua vasta foce, la Bocca Tigris, separa Hong Kong e Macao, svolgendo un ruolo strategico per l'accesso a Guangzhou (Canton).

Infine, il Fiume del Drago Nero, noto come Amur in cinese, scorre dalla Siberia e dalla Mongolia, segnando il confine della Manciuria cinese con la Federazione Russa. Sebbene meno famoso degli altri fiumi cinesi, il suo corso è stato oggetto di contese durante il conflitto aperto tra la Cina e l'Unione Sovietica.

Le macroaree geografiche e climatiche

Dal punto di vista climatico, la Cina può essere suddivisa in sette macro-aree:

1) **Centro-nord** (con Pechino): inverni molto rigidi, con temperature che possono arrivare a -20 °C. Estati molto calde e torride a causa della forte umidità

2) **Nord-est** (l'area della Manciuria): anche qui clima continentale, con inverni estremamente freddi e secchi ed estati calde e piovose, a seguito dell'aria umida portata dal monsone.

3) **Est** (fascia costiera, con Shanghai): forse la zona più simile al clima dell'Italia settentrionale e di Milano. Nonostante la presenza del mare l'afa è una costante in tutta la zona.

4) **Centro** (province di Henan, Hubei e Hunan). La non vicinanza al mare e la presenza di varie colline e alture rende il clima abbastanza umido con piogge frequenti.

5) **Sud** (province costiere di Fujian e Guangdong, l'isola

di Hainan e Taiwan e le città di Hong Kong e Macao): clima mite d'inverno, estate decisamente di tipo tropicale, molto calda e tremendamente umida. Da agosto a ottobre questa zona è sferzata dai forti tifoni dell'Oceano Pacifico.

6) **Nord-ovest** (Shaanxi, Ningxia, Gansu, Qinghai, Xinjiang e la parte occidentale della Mongolia Interna piuttosto arido con un clima continentale, estati torride alle basse quote, ma la presenza di numerosi altipiani fa scendere un po' la temperatura media. Onnipresente la sabbia polverosa che il deserto del Gobi sparge grazie al vento. Nei deserti estremi climatici, dalle gelate notturne alle fornaci diurne: nella depressione di Turpan, un punto in cui si scende sotto il livello del mare si toccano temperature dai -7 °C fino ai +40 °C in estate. Se volete vedere i vari deserti si consigliano le stagioni primaverili e autunnali.

7) **Sud-ovest** (Guanxi, Sichuan, Guizhou, Yunnan, Tibet). Climi tropicali anche a 1500 m slm. Lo Yunnan viene considerato la regione dell'eterna primavera. Fanno eccezione le alte quote himalayane, che rendono il Tibet estremamente gelido d'inverno.

La divisione amministrativa

La Cina si divide in unità amministrative divise in province (*sheng* in cinese), le regioni autonome, le municipalità (città e regioni circostanti gestite dal governo centrale) e regioni amministrative speciali (Hong Kong e Macao). Le unità provinciali in totale sono 33, così suddivise: 22 province, 4 municipalità, 5 regioni autonome e 2 regioni amministrative speciali; Taiwan viene considerata la ventitreesima provincia.

Le 4 municipalità hanno come nucleo e relativo capoluogo le rispettive città, ovvero le città di Pechino, Tianjin, Shanghai e Chongqing.

In questa tabella elenchiamo le varie province e i relativi capoluoghi:

Provincia	Capoluoghi
Anhui	Hefei
Fujian	Fuzhou
Gansu	Lanzhou
Guangdong	Guangzhou (Canton)
Guizhou	Guiyang
Hainan	Haikou
Hebei	Shijiazhuang
Heilongjian	Harbin
Henan	Zhengzhou
Hubei	Wuhan
Hunan	Changsha
Jiangsu	Nanjing
Jiangxi	Nanchang

Jilin	Changchun
Liaoning	Shenyang
Qinghai	Xining
Shaanxi	Xian
Shandong	Jinan
Shanxi	Taiyuan
Sichuan	Chengdu
Yunan	Kunming
Zhejiang	Hangzhou
Regione amministrativa speciale di Hong Kong	Hong Kong
Regione amministrativa speciale di Macao	Macao
Regione autonoma del Guanxi	Nanning
Regione autonoma del Ningxia Hui	Yinchuan
Regione autonoma del Tibet	Lhasa
Regione autonoma del Mongolia Interna	Hohhot
Regione autonoma del Xinjiang	Urumqi

Le città

Nel romanzo *Le città invisibili*, Italo Calvino per creare il suo grande affresco di città fa iniziare ogni capitolo con un dialogo tra Marco Polo e l'imperatore Kublai Khan, il quale chiede notizie e resoconti all'esploratore sulle città del suo immenso impero, città che nemmeno lui conosce data la vastità dei suoi domini.

Sicuramente non è un caso che Calvino abbia scelto proprio questo scenario, seppur di contorno, per esprimere l'enorme eterogeneità della sua fantasia. Con questo non vogliamo intendere il romanzo di Calvino come un libro sulla Cina, eppur questa analogia ci piace e vorremmo, con molta umiltà prenderla in prestito per dare una veloce presentazione delle città cinesi, più o meno note.

Pechino (Beijing). La capitale dal ricco passato

La gigantesca metropoli di Pechino, capitale della Repubblica Popolare Cinese, si estende su un'area che quasi eguaglia la regione del Veneto e conta una popolazione di 21 milioni di abitanti.

Tra le sue icone più celebri spiccano la Città Proibita e piazza Tienanmen, imperdibili tappe per i visitatori. Oltre a questi luoghi famosi, Pechino offre una vasta gamma di monumenti e siti storici da esplorare, come il Tempio del Cielo, il Palazzo d'Estate, le Torri della Campana e del Tamburo, l'incantevole area dei laghi di Shichahai, la collina Jingshan, oltre a numerosi parchi e giardini. La grandiosità della città colpisce ogni visitatore, dalle strade alle piazze ai maestosi palazzi.

Pechino dispone di un efficiente sistema di trasporto con sedici linee della metropolitana che collegano ogni angolo della città, con stazioni cruciali come la Beijing Railway Station e la Beijing West, insieme a sei stazioni per il traffico ferroviario ad alta velocità. La città è in costante trasformazione, con nuovi edifici che sorgono e quartieri in continua riqualificazione, specialmente in vista delle Olimpiadi del 2008.

Tianjin. La porta di accesso marittima a Pechino
Considerata la più piccola delle quattro municipalità, Tianjin funge da accesso marittimo alla capitale cinese.

Con lo sviluppo economico, ha registrato un notevole aumento del PIL, superando molte altre città cinesi. La storia di Tianjin è intrecciata con le relazioni estere, sottolineata dal Trattato di fine della Seconda Guerra dell'Oppio, che comportò nuove concessioni all'Impero Qing. Tianjin ospita anche quartieri occidentali risalenti al XX secolo, quando diverse potenze europee ottennero concessioni territoriali. La presenza di tali quartieri offre un'immersione nella storia della città.

Shanghai. L'epicentro dell'innovazione e del commercio
Shanghai, la città più influente della Cina, si distingue come centro mondiale per il commercio, le finanze e l'innovazione.

Il suo sviluppo è stato accelerato dall'influenza europea nel corso della storia moderna cinese. Fondata nel 1921, Shanghai è stata la culla del Partito Comunista Cinese e continua a guidare l'innovazione nel paese. Nonostante la modernità cosmopolita, la città conserva anche tratti della sua cultura tradizionale, evidenziati dal caratteristico Bund con edifici neoclassici e dalla vivace scena artistica. Molti artisti internazionali considerano Shanghai una tappa imprescindibile nei loro tour.

Guangzhou. La dinamica "capitale del sud"

Guangzhou, comunemente nota come Canton, incarna lo spirito industrioso e commerciale della Cina meridionale.

Situata all'estuario del Fiume delle Perle, è stata a lungo un porto commerciale cruciale. La città riflette la diversità della Cina del sud, con strade affollate e vivaci, ma anche spazi di tranquillità nei parchi e nei templi buddhisti disseminati in città.

Harbin. La città ghiacciata dall'influenza russa

Nel nord estremo della Cina, Harbin mostra forti influenze russe nella sua architettura e storia.

La cattedrale di Santa Sofia è un esempio di questa influenza. La città è anche la capitale cinese degli sport invernali, ospitando il "Festival delle Neve e del Ghiaccio" durante gli inverni rigidissimi.

Kashgar. Un incontro tra la Cina e l'Asia centrale

Kashgar, situata all'estremo confine occidentale della Cina lungo la Via della Seta, si distingue per la sua atmosfera centrasiatica.

Abitata principalmente dall'etnia uigura, la città condivide più tratti con le città dell'Asia Centrale che con le metropoli cinesi, con moschee, bazar e una cultura simile.

È sede di un mercato del bestiame dove arrivano allevatori e compratori anche da luoghi estremamente remoti.

Ordos. La città dei palazzi vuoti nella steppa

Nella Mongolia Interna, Ordos rappresenta un progetto urbanistico megalomane. Nonostante fosse stato ideato per ospitare un milione di abitanti, la città è rimasta in gran parte deserta, diventando oggetto di interesse per economisti e urbanisti.

Liuzhou Forest City. Un esperimento ecologico

Nella provincia meridionale del Guanxi, Liuzhou sta realizzando un progetto per una città satellite completamente ecosostenibile chiamato Liuzhou Forest City. Il progetto coinvolge l'architetto Stefano Boeri, famoso per il Bosco Verticale di Milano.

Taiwan, Hong Kong e Macao. Tre realtà distinte in un contesto in evoluzione

Hong Kong e Macao, un tempo sotto dominio coloniale europeo, sono oggi parte integrante della Repubblica Popolare Cinese, mantenendo tuttavia un grado di autonomia amministrativa. Questa transizione ha portato con sé una serie di sfide e dinamiche complesse, delineando un quadro unico e in costante evoluzione.

Nel caso di Taiwan, nonostante possieda un governo autonomo e una propria valuta, è oggetto di rivendicazioni territoriali da parte della Cina, che sostiene fermamente la teoria di "un'unica Cina". Questo ha generato una situazione intricata all'interno dell'isola, con una popolazione divisa tra coloro che si identificano con l'eredità dei nazionalisti cinesi e coloro che si considerano taiwanesi, oltre alla presenza di comunità indigene con radici profonde nella storia dell'isola. La complessità della situazione rende il contesto politico e culturale di Taiwan un terreno in continua evoluzione.

Macao, pur non raggiungendo la stessa prosperità di Hong Kong, ha conservato il suo fascino attraverso il gioco d'azzardo e l'atmosfera affascinante e portoghese. L'importante ruolo che svolge nel settore del gioco d'azzardo ha contribuito a mantenere un'economia dinamica. L'identità di Macao si fonde tra il passato coloniale portoghese e la sua attuale appartenenza alla Cina, creando una realtà unica e diversificata.

La situazione di Hong Kong, invece, è particolarmente intricata. Mentre la città conserva un alto grado di autonomia amministrativa, i cittadini si trovano a fronteggiare le crescenti ingerenze di Pechino, suscitando tensioni e proteste per la preservazione delle libertà e dell'autonomia. L'anniversario del ritorno di Hong Kong alla Cina nel 1997 è stato segnato da polemiche e discussioni sul mantenimento dell'accordo di "un paese, due sistemi". Questo ha alimentato un clima di incertezza e ha portato i cittadini a difendere strenuamente la propria identità e diritti.

In questo contesto in continua evoluzione, le dinamiche tra Taiwan, Hong Kong e Macao continuano a plasmare il volto geopolitico e culturale della Cina, riflettendo la complessità delle relazioni tra territori autonomi e l'autorità centrale di Pechino.

L'ambiente

L'incremento demografico prolungato, la carenza alimentare, l'intensa industrializzazione e l'assoluta indifferenza nei confronti dell'ambiente hanno causato un impatto devastante sulla fauna cinese. Per molti cittadini cinesi, indipendentemente dal loro livello di istruzione, prevale l'idea che gli animali siano solo una risorsa alimentare, a eccezione di alcune creature considerate anche dotate di proprietà medicinali, come le tigri, le cui ossa vengono polverizzate per scopi di virilità maschile, o gli squali, il cui massacro avviene per ottenere le pinne utilizzate nelle zuppe. Nei mercati all'aperto del sud della Cina, è comune trovare in vendita una vasta gamma di animali ancora vivi, garantendo la loro freschezza, ma è angosciante osservare specie minacciate di estinzione, come il mosco, il pangolino, il procione e le scimmie di piccole dimensioni, rinchiusi in gabbie strette e sporche.

Fortunatamente, c'è ora qualche speranza di miglioramento della situazione. Infatti, sono state istituite oltre trecento riserve naturali, che coprono oltre l'1,8% della superficie terrestre. Molti animali sono ora protetti, almeno ufficialmente. Nonostante ci siano ancora caccia e trappole illegali, nella lotta tra ambientalisti e bracconieri, gli ambientalisti hanno almeno la legge dalla loro parte.

Negli ultimi anni, c'è stata un'incrementata consapevolezza e sensibilità riguardo al ruolo domestico degli animali, un aspetto che in passato era trascurato per la sua mancanza di utilità pratica. La crescita della classe media cinese ha portato a un cambiamento di atteggiamento anche nei confronti dei cani, sempre più frequenti nelle strade delle grandi città al guinzaglio dei loro padroni. Tuttavia, la nazione non è completamente pronta per questo cambiamento culturale, e gli amanti dei cani devono affrontare diversi problemi, come l'illegalità di possedere cani di taglia grande in alcune città, con la confisca e l'esecuzione dell'animale. Inoltre, in Cina non esistono leggi contro la crudeltà verso gli animali, rendendo impossibile denunciare atti di tortura o maltrattamenti.

Anche la consapevolezza dell'inquinamento industriale è in aumento. Nonostante il governo cinese stia investendo ingenti somme nelle energie rinnovabili e nell'innovazione tecnologica per preservare le risorse, il pesante impatto ambientale della Cina è strettamente legato alla sua massiccia popolazione e all'alta produzione industriale continua. È quindi legittimo chiedersi chi sia effettivamente responsabile, se la Cina stessa o i committenti globali che richiedono merci sempre più a prezzi competitivi.

Negli ultimi anni, la Cina si è impegnata fortemente nella transizione verso fonti energetiche sostenibili, come confermato dalla Cop28 di Dubai nel 2023. Già dal 2012, il concetto di "civilizzazione ecologica" è stato inserito nella Costituzione, e la Cina è stata una delle potenze più determinate durante la conferenza sul clima a Parigi nel 2015. Riconoscendo che l'impegno ambientale può essere vantaggioso per lo sviluppo di industrie verdi competitive e la riduzione dell'inquinamento, Xi Jinping ha fissato l'obiettivo di raggiungere il picco delle emissioni entro il 2030 (potenzialmente raggiungibile già nel 2026) e la neutralità carbonica entro il 2060.

Nonostante la dipendenza ancora elevata dal carbone, la Cina è ora leader mondiale nelle energie rinnovabili. Entro il 2025, dovrebbero essere completati 750 gigawatt di progetti solari ed eolici, superando le previsioni di cinque anni.

Nel 2022, la Cina ha investito la metà della spesa globale in tecnologie a basse emissioni ed è il principale produttore ed esportatore di auto elettriche.

L'accordo USA-Cina del 2021

Nel 2021 Cina e USA hanno firmato un accordo congiunto per potenziare l'impegno climatico nei prossimi vent'anni. Le due nazioni si dichiarano "completamente dedicati" a intensificare gli sforzi volti a rispettare gli obiettivi stabiliti dall'Accordo di Parigi: mantenere l'aumento della temperatura globale al di sotto dei 2 °C rispetto ai livelli preindustriali e perseguire l'obiettivo di non superare 1,5 °C.

A tal fine, si impegnano a adottare "misure climatiche avanzate per aumentare l'ambizione nei prossimi vent'anni". Riconoscono l'esistenza di un "rilevante divario" tra gli sforzi globali attuali per affrontare la crisi climatica e "quanto sia necessario per conseguire gli obiettivi dell'Accordo di Parigi". Le due parti si impegnano a collaborare su "normative e standard ambientali finalizzati a ridurre le emissioni di gas serra nei prossimi vent'anni", ottenere "vantaggi sociali dalla transizione alle energie pulite", implementare "politiche per promuovere la decarbonizzazione", incoraggiare l'"economia circolare" e promuovere la "cattura e l'utilizzo del carbonio".

Un paragrafo del documento si focalizza sulla cooperazione per affrontare le emissioni di metano, riconosciuto come il gas serra più pericoloso, principalmente derivante da perdite durante l'estrazione e la distribuzione. La Cina si impegna a implementare un piano nazionale di riduzione delle emissioni, e le due nazioni concordano di tenere un incontro l'anno successivo per discutere la questione. Un ulteriore paragrafo riguarda la collaborazione tra le due superpotenze nel settore delle energie rinnovabili, in cui entrambe sono leader. La cooperazione si concentra soprattutto sulle reti intelligenti per gestire la produzione intermittente di energia solare ed eolica, sulla produzione distribuita e sull'efficienza energetica.

La Cina si impegna a interrompere l'uso del carbone nel suo 15° piano quinquennale (2026-2030), mentre entrambe le nazioni ribadiscono la cessazione del finanziamento delle centrali a carbone all'estero con emissioni non abbattute. La collaborazione viene annunciata anche nella lotta alla deforestazione e nell'istituzione di un fondo annuale da 100 miliardi di dollari per assistere i paesi meno sviluppati nella decarbonizzazione.

Per quanto riguarda la Cop26, Stati Uniti e Cina si impegnano a collaborare sul "Paris Rulebook" (le regole comuni per l'applicazione dell'Accordo di Parigi) e sull'articolo 6 dell'Accordo, che prevede un mercato globale delle emissioni di carbonio. Entrambi i paesi annunceranno nuovi impegni di decarbonizzazione (Ndc) al 2035 entro il 2025. Infine, istituiranno un "Gruppo di lavoro per potenziare l'impegno climatico nei prossimi vent'anni", che si riunirà regolarmente.

La Cina organizzata

Province, municipalità e regioni autonome

Fino allo storico sorpasso da parte dell'India nel 2023, la Cina era il paese più popoloso del mondo. Per trent'anni, dopo la fondazione della RPC, le coppie furono incoraggiate a mettere al mondo nuovi rivoluzionari e la popolazione raddoppiò.

Mao disse: «Più cinesi ci sono, meglio è», perciò il tradizionale desiderio dei cinesi di avere grandi famiglie non fu limitato fino al 1979, quando il governo introdusse la drastica e impopolare politica del figlio unico che tentò di far rispettare in tutti i modi. Questo provvedimento di controllo delle nascite ha avuto più successo nelle città fra le classi medie istruite, mentre nelle campagne, dove ancora vivono più di due terzi della popolazione, la sua attuazione ha presentato delle difficoltà. Anche secondo stime ufficiali cinesi, ogni anno nascono 25 milioni di bambini e, alla pari degli altri paesi che si stanno rapidamente industrializzando, i cinesi vivono fino a tarda età, accrescendo il carico di popolazione sull'altro piatto della bilancia. La politica del figlio unico è terminata nel 2015 lasciando un quadro demografico piuttosto complesso. Negli anni della tua attuazione, infatti, la prospettiva di poter avere solo un figlio ha fatto sì che molte famiglie, una volta scoperto il sesso del nascituro, optassero per soluzioni di aborto a sfavore delle femminucce. La Cina si è svegliata nel 2015 con 30 milioni di scapoli in più e una popolazione che invecchia, tanto che entro il 2050 un cinese su quattro sarà in pensione e la maggior parte di loro peserà sulla forza lavoro giovane. Attualmente le coppie cinesi possono avere fino a due figli; restrizione che il Governo sta meditando di allentare a seguito della fotografia sociale attuale in cui si è registrata un crollo delle nascite.

Le riforme economiche hanno causato enormi disparità regionali e una crescente stratificazione sociale, ma nonostante il rallentamento degli ultimi anni l'economia cinese ha fatto senza dubbi enormi progressi. Nel 1978 le persone che vivevano in assoluta povertà erano 250 milioni, circa il 26% della popolazione rurale. Malgrado ci siano state forti restrizioni ufficiali al trasferimento per limitare la popolazione nelle città, i contadini hanno iniziato ad abbandonare le zone impoverite della campagna per cercare lavoro nei centri urbani.

Nel 2020, il reddito disponibile medio pro capite in Cina si era elevato circa 5.000 USD, secondo il National Bureau of Statistics of China. Il reddito medio in Cina variava significativamente a seconda di fattori come la posizione, l'occupazione e l'industria. Nelle aree urbane e nelle regioni sviluppate, i redditi tendevano a essere più alti rispetto alle aree rurali o meno sviluppate.

Per alleviare la pressione sulle città che stanno crescendo a dismisura, il governo cinese, oltre a spingere la popolazione a vivere in altre zone del paese, sta costruendo nuovi centri urbani. Il numero delle città con più di 500.000 abitanti è salito da 12 a oltre 80. Fra i centri urbani con la più alta densità di popolazione ci sono Pechino, Chongqing e Shanghai; quest'ultima raggiunge la spaventosa densità di 2700 persone per km^2.

Per contrasto, in Tibet ci sono solo 2 abitanti per km^2. Queste città, anche se affollate, sono molto più ricche e meglio servite da scuole, ospedali e biblioteche di buon livello rispetto alle zone più remote: ci sono più negozi, una maggiore varietà di merci, più cultura e molte più possibilità sia per i cinesi sia per gli uomini e le donne d'affari stranieri.

2. Storia

Tra il 3000 a.C. e il 2000 a.C. Fiorisce la civiltà del Fiume Giallo. Periodo dei Regnanti semi-mitici "Tre Augusti e Cinque Imperatori".

- 2100-1600 a.C. dinastia Xia.
- 1600-1030 a.C. circa. Dinastia Shang.
- 1046-256 a.C. Dinastia Zhou.
- 551 a.C. Nasce il filosofo e uomo politico Confucio.
- 400 a.C. Nascita di Laozi, fondatore del Taoismo.
- 255-206 a.C. Nasce la dinastia Qin e sotto Qin Shi Huang Di unifica la Cina.
- 206 a.C.-220 d.C. La dinastia Han consolida e formalizza le istituzioni imperiali. Dal nome della dinastia prende il nome l'etnia maggioritaria dei cinesi. Primi missionari buddhisti in Cina.
- 581-618. Dinastia Sui. Costruzione del Grande Canale Imperiale.
- 618-906. Dinastia Tang, giudicata l'età d'oro dell'impero cinese, Grande fioritura delle arti (poesia in particolare) e forte influenza della Cina lungo la Via della Seta.
- 906-960. Periodo di tumulti e frammentazione del paese noto come "Cinque Dinastie, Dieci Regni".
- 960-1279. La dinastia Song ristabilisce l'ordine nonostante le continue guerre contro i nomadi delle steppe.

- 1260-1368. I Mongoli conquistano la Cina, prima quella settentrionale e poi, con Kublai Khan, pongono fine alla dinastia Song.
- 1368-1644. Una rivolta riporta al comando una dinastia cinese, i Ming. Inizia un periodo di fioritura culturale. Viene costruita la Grande Muraglia come la ammiriamo oggi e la Città Proibita. Dopo il primo secolo comincia un periodo di forte chiusura della Cina al mondo esterno.
- 1644. I Manciù invadono la Cina e insediano la dinastia Qing, l'ultima dinastia imperiale.
- 1839-1842. Prima Guerra dell'Oppio; le potenze europee si impongono sulla Cina per poter continuare a vendere oppio, la Gran Bretagna ottiene l'isola di Hong Kong.
- 1856-1860. Seconda Guerra dell'Oppio; la Cina, nuovamente sconfitta, deve concedere nuovi diritti alle potenze straniere, come concessioni di zone del proprio territorio, apertura di ambasciate nella capitale e nuove libertà commerciali.
- 1899-1901. Rivolta dei Boxer contro l'influenza e il colonialismo europeo.
- 1912. Nasce la Repubblica di Cina e il Guomindang (Partito Nazionalista), Sun Zhongshan (Yatsen) è il primo presidente della neonata repubblica. Il territorio cinese è in subbuglio, i signori della guerra locali controllano ampie zone della Cina e il governo non riesce a imporsi,
- 1921. Nasce a Shanghai il Partito Comunista Cinese (PCC),

- 1925. Morte di Sun Yatsen e ascesa al potere del Guomindang del generale Chiang Kaishek.
- 1932. Il Giappone occupa la Manciuria e crea lo stato fantoccio del Manchukuo, ponendo a capo l'ultimo imperatore cinese.
- 1937. Inizio della guerra aperta tra Cina e Giappone.
- 1941. Dopo l'attacco giapponese a Pearl Harbor gli Alleati entrano in guerra contro il Giappone sostenendo la Cina.
- 1949. A seguito della vittoria dei comunisti di Mao Zedong, il 1° ottobre viene dichiarata la Repubblica Popolare Cinese. I nazionalisti fuggono a Taiwan.
- 1959. La Cina invade e occupa il Tibet, il Dalai Lama va in esilio.
- 1966-1976. Rivoluzione Culturale; nel tentativo di dare vita alla "nuova Cina comunista" vengono distrutti monumenti, opere d'arte, libri e tutto quello che collega la Cina alla cultura tradizionale; gli intellettuali sono perseguitati.
- 1971. Con l'invito ad alcuni giocatori di ping-pong statunitensi a giocare in Cina, la "diplomazia del ping-pong" apre le porte alla storica visita di Nixon in Cina nel 1972.
- 1976. Morte di Mao Zedong. Arresto e condanna della "Banda dei Quattro": Jiang Qing ,vedova di Mao, Zhang Chunqiao, Yao Wenyuan e Wang Hongwen
- 1977. Deng Xiaoping sale al potere e negli anni successivi lancia le riforme che cambieranno l'economia e la società cinese.

- 1989. Da aprile a giugno numerosi studenti protestano in piazza Tienanmen a Pechino per chiedere diritti democratici e libertà politiche, la manifestazione dopo l'iniziale entusiasmo verrà repressa nel sangue dal governo.
- 1992. Viene promulgata la dottrina dell'"economia socialista di mercato".
- 2001. La Cina viene ammessa nell'Organizzazione Mondiale del Commercio (WOT, World Trade Organization), cosa che accelera il suo sviluppo economico e commerciale.
- 2008. Pechino ospita la XXIX edizione dei Giochi Olimpici.
- 2013. Sale al potere Xi Jinping, definito il politico cinese più potente dai tempi di Mao.
- 2018. Xi Jinping ottiene dall'Assemblea Nazionale del Popolo la revoca al limite di due mandati per la carica di Presidente preparandosi, forse, a un incarico a vita.
- 2019. A fine anno a Wuhan, capitale della provincia dell'Hubei, si manifestano i primi casi di quello che passerà alla storia come il virus COVID-19.
- 2022. Pechino ospita le Olimpiadi invernali.

Le origini

L'origine e lo sviluppo della civiltà cinese possono essere individuati nelle vaste pianure alluvionali che occupano la parte orientale dell'attuale Cina. Sebbene i cinesi siano orgogliosi di proclamarsi eredi di "5000 anni di storia ininterrotta", la loro civiltà risale a epoche ancora più remote.

Gli archeologi hanno scoperto tracce di siti neolitici che risalgono al 5000 a.C. La dinastia più antica conosciuta è quella degli Xia, che governò tra il 1994 e il 1523 a.C. Durante la **dinastia Shang** (o Yin), tra il 1523 e il 1027 a.C., si sviluppò una cultura sofisticata con avanzate tecnologie per la lavorazione del bronzo, una forma scritta di linguaggio e il primo calendario cinese.

Il diritto divino

Il fondatore della **dinastia Zhou**, nel 1027 a.C., spodestò l'ultimo sovrano degli Shang. Questo periodo, considerato un'età dell'oro da Confucio, vide l'introduzione del denaro, lo sviluppo della lavorazione del ferro, la creazione di leggi scritte e l'emergere della filosofia morale di Confucio. Si formò il concetto filosofico-politico del "Mandato del Cielo" (Tian Ming), che influenzò la storia cinese fino alla morte di Mao nel 1976.

Secondo questo concetto, il cielo conferisce il diritto di governare ai sovrani saggi, ma lo revoca a quelli malvagi. L'imperatore divenne noto come il "Figlio del Cielo", fungendo da collegamento tra il regno celeste, il cosmo e la terra abitata dagli uomini.

Durante la dinastia Zhou, i cinesi svilupparono un forte senso di identità nazionale e di superiorità culturale nei confronti dei popoli circostanti. Il termine "Zhong Guo", che significa "Regno di Mezzo", fu coniato per sottolineare l'importanza centrale della Cina, considerando barbari coloro che vivevano al di fuori di essa.

Essere di cultura cinese implica parlare e scrivere la lingua cinese, oltre a conformarsi a rituali e comportamenti sociali che esprimono la propria "cinesità", come il rispetto per genitori, famiglia, antenati e governanti.

Zhong Guo è ancora oggi il nome utilizzato dai cinesi per indicare la loro nazione. Nonostante la dinastia Zhou rimanesse formalmente al potere fino al 221 a.C., il periodo noto come "periodo degli Stati Combattenti" (500-221 a.C.) vide il potere politico frammentarsi tra numerosi nobili e signori che crearono regni indipendenti, riconoscendo solo un'autorità simbolica all'imperatore Zhou e lottando per la supremazia.

La **dinastia Qin**, regnante dal 255 al 206 a.C., riuscì a unificare militarmente gli stati feudali in guerra, fondando così un unico impero. Qin Shi Huang Di fu il primo imperatore della Cina unificata e proclamò di aver unito "tutto ciò che sta sotto il Cielo", il mondo abitato dai cinesi (Tian Xia). I Qin introdussero un governo centralizzato attraverso la standardizzazione di pesi e misure, scrittura e denaro, oltre a costruire una rete stradale che collegava la capitale (vicino all'attuale Xian) con gli avamposti più remoti dell'impero. Fu costruita una primordiale Grande Muraglia per controllare e proteggere l'impero dalle invasioni delle popolazioni delle steppe. A causa del governo tirannico, la dinastia Qin durò poco, terminando con rivolte sanguinose, mentre l'imperatore riposa ancora oggi in una tomba vigilata da un esercito di terracotta.

La **dinastia Han**, dal 206 a.C. al 220 d.C., si impose dopo la caduta degli Han, riunificando l'impero e portando pace e stabilità fino all'Asia Centrale. La maggior parte dei cinesi appartiene all'etnia Han, grazie alla stabilità che questa dinastia ha garantito all'impero. I regnanti Han governarono con saggezza, adottando la filosofia confuciana come base morale, filosofica e politica. Durante questa dinastia, l'imperatore non fu più un sovrano assoluto, ma il potere iniziò a essere delegato a un'amministrazione pubblica selezionata in base alla conoscenza della dottrina confuciana da parte dei candidati, un metodo di reclutamento che persistette per duemila anni.

Una ribellione su vasta scala distrusse gli Han, dividendo l'impero in tre regni in lotta perpetua tra loro, fino alla vittoria finale del regno di Wei su Shu e Wu. Il predominio del Confucianesimo fu soppiantato dalla diffusione del Buddhismo dall'India e del Taoismo. Solo con l'avvento della dinastia Sui (581-618) l'impero fu nuovamente riunito, fermando gli Unni e rafforzando ulteriormente la Grande Muraglia.

L'età dell'oro imperiale

I Sui furono sostituiti rapidamente dalla dinastia Tang (618-906), un'epoca d'oro per l'arte e la prosperità della Cina. La capitale Tang, Chang'an (l'odierna Xian), era all'epoca una delle più grandi città del mondo, con una popolazione di un milione di abitanti e caratteristiche sociali moderne. Il periodo Tang è famoso per la poesia e la produzione di porcellane raffinate. I Tang ampliarono i canali che collegavano i fiumi dell'impero, costruirono una rete stradale e stazioni di sosta per agevolare i viaggi interni. Durante questa epoca, i cinesi ebbero più contatti con stranieri rispetto a qualsiasi altro periodo della storia cinese fino al Novecento, grazie al forte potere centralizzato che consentiva di controllare le vie commerciali dell'Asia Cent rale. I Tang servirono da modello per le dinastie successive dei Song, dei Ming e dei Qing.

Una poesia Tang di Li Bai

床前明月光
疑是地上霜
举头望明月
低头思故乡

Di fronte al mio letto la luna rischiara la terra come riflessi di brina.
Alzo lo sguardo alla fulgente luna,
poi chino il capo e penso al mio paese natìo.

Dopo la dissoluzione del loro impero, la Cina si divise nelle **Cinque Dinastie** e nei **Dieci Regni**, un periodo caratterizzato da conflitti incessanti, declino economico e instabilità politica. La dinastia Song (960-1279) riunificò il paese, ripristinando l'ordine e inaugurando un'epoca di pace, creatività e notevole sviluppo economico. Tuttavia, i Song dovettero affrontare costanti pressioni e invasioni da parte delle popolazioni nomadi delle steppe, tanto che, alla fine, controllarono solo la parte meridionale della Cina.

Il "Regno di Mezzo" ha sempre mantenuto una forte convinzione nella propria superiorità culturale e nel valore della sua civiltà, ritenendosi al di sopra degli altri popoli stranieri. Tuttavia, l'idea della Cina come un regno chiuso è in gran parte un mito: conquistatori, commercianti, profeti e monaci si sono recati nel paese per motivi di fede, affari e conquiste, contribuendo a espandere l'influenza cinese in altre regioni. In questi scambi, tuttavia, era chiaramente richiesto agli altri di conformarsi alle usanze cinesi e non il contrario.

Uno degli esploratori più significativi, il veneziano **Marco Polo**, visitò la Cina tra il 1275 e il 1292 e fornì il primo resoconto dettagliato del paese, descrivendo città floride, più imponenti di quelle europee, e una società altamente organizzata. In quel periodo, tuttavia, i mongoli erano al potere in Cina, guidati da Genghis Khan, che aveva unito le tribù nomadi e conquistato rapidamente l'Asia. Dopo la conquista della Cina, Pechino (allora chiamata Khanbalik, "città del Khan") divenne la loro capitale, e Kublai Khan, nipote di Genghis Khan, fu nominato imperatore degli Yuan (1260-1368), la prima dinastia straniera a governare l'intera Cina. Gli Yuan si dimostrarono governanti astuti, migliorando le vie di comunicazione verso la Cina e la Russia, promuovendo il commercio nazionale e internazionale e istituendo un sistema di assistenza durante le carestie.

Tuttavia, anche il loro potere declinò, e a seguito di rivolte diffuse in tutto il paese, il potere passò alla dinastia cinese dei **Ming**. Il governo dei Ming fu caratterizzato dall'accentramento del potere imperiale. In questo periodo, la Cina conobbe un periodo di notevole prosperità sociale ed economica, grazie a forti incentivi al commercio e alle spedizioni navali verso l'Asia meridionale e il Golfo Persico. Tuttavia, la minaccia crescente delle popolazioni nomadi e le continue campagne militari di difesa portarono a un cambiamento di rotta e alla chiusura della Cina nei confronti del resto del mondo. Questo segnò l'inizio dell'era in cui l'Europa divenne sempre più dinamica e prospera, mentre la Cina entrò in un periodo di stagnazione. Durante l'epoca Ming, si distacca il notevole progresso architettonico, tra cui il rinnovamento di Pechino con la costruzione del Palazzo Imperiale, meglio conosciuto come la "Città Proibita", e la costruzione della Grande Muraglia in pietra, che può essere visitata ancora oggi.

Alcuni primati cinesi

La xilografia su carta e su seta fu inventata nel VII secolo; il più antico libro stampato tuttora esistente è un testo buddhista risalente all'868 d.C. Un altro primato cinese fu l'invenzione della stampa a caratteri mobili nell'XI secolo.

La prima scoperta e l'applicazione della polvere da sparo è da attribuire addirittura alla dinastia Han (206 a.C.-220 d.C.), ma per averne un uso diffuso a livello militare bisognerà attendere le rivolte che porteranno i Ming al potere, comunque con secoli di anticipo sull'Europa.

L'invenzione della carta risale al 105 d.C. attributo a Cai Lun, eunuco e funzionario di corte sotto l'imperatore Hedi della dinastia Han.

La penetrazione europea

Gli stranieri arrivarono in Cina non solo via terra ma anche via mare. Le prime navi europee a giungere in Cina provenivano dal Portogallo. I portoghesi arrivarono nel 1516 e riuscirono a ottenere l'autorizzazione per istituire un avamposto commerciale a Macao. Presto giunsero anche gli inglesi, gli olandesi e gli spagnoli. Dopo i Ming il potere passò a un'altra dinastia non cinese, i **Qing** (1644-1912), provenienti dalla Manciuria, che come tutti i precedenti governanti stranieri adottarono appieno furono la cultura del Regno di Mezzo.

Il regno dei Qing cercò di isolarsi il più possibile dagli altri paesi e l'unica città accessibile agli stranieri divenne Canton (Guangzhou). Questo non impedì comunque lo sviluppo di un commercio che divenne il simbolo della peggiore arroganza europea: la vendita in Cina da parte degli inglesi dell'oppio coltivato in India.

Anche se da un punto di vista moderno la vendita dell'oppio in cambio di tè e seta non sembra molto diverso dal traffico di droga, in realtà l'oppio era già utilizzato da secoli in Cina come antidolorifico, come rudimentale antidepressivo e come rilassante muscolare, e la popolazione più povera lo usava anche per combattere i crampi provocati dalla fame. La gente era consapevole dei rischi di dipendenza dalla droga, ma il suo utilizzo non era vietato.

Le guerre dell'oppio

La dipendenza dall'oppio si diffuse rapidamente fra la popolazione cinese, tanto da provocare una vera e propria emergenza nazionale tanto che nel 1800 l'imperatore cercò di vietarne il commercio. Gli inglesi, tuttavia, riuscivano finalmente a ottenere tè, seta e porcellana in grande quantità in cambio dell'oppio e anche gli intermediari cinesi stavano guadagnando da questo traffico, per cui il decreto imperiale fu ignorato. Il commercio dell'oppio continuò liberamente fino al 1839, quando i cinesi intrapresero un'azione unilaterale distruggendo 20.000 casse di oppio. Questo episodio provocò una dura reazione da parte degli inglesi, che attaccarono Canton dando così inizio alla **prima guerra dell'oppio** (1839-1842).

I cinesi furono sconfitti e dovettero cedere agli inglesi l'isola di Hong Kong, e furono inoltre costretti ad aprire cinque porti al commercio con l'Europa. Nel corso dell'Ottocento, dopo la seconda guerra anglo-cinese (1856) scoppiarono altri conflitti combattuti contro i russi e i francesi. Questi conflitti, che si conclusero sempre con la sconfitta della Cina, dimostrarono continuamente l'inadeguatezza tecnologica e organizzativa della Cina imperiale guastarono per i cento anni successivi l'opinione dei cinesi sui "diavoli stranieri" occidentali.

Nel 1860 le potenze occidentali avevano già ottenuto enormi concessioni: gli stranieri potevano stabilirsi in numerose zone dell'impero, dove non erano sottoposti alla legge dello stato, e la Cina fu costretta a pagare pesanti indennità di guerra. Verso la fine del secolo, il "trono celeste" fu occupato da Guangxu, un imperatore di soli quattro anni, ma il potere effettivo era nelle mani della zia, l'imperatrice vedova **Cixi**, che invece di attuare politiche per la modernizzazione e l'industrializzazione della Cina portò il paese alla completa disintegrazione.

Le potenze imperialiste europee spadroneggiavano ovunque approfittando della debolezza cinese: nel 1883 la Francia occupò il Vietnam e infine anche il Laos e la Cambogia partendo dalla Cina; gli inglesi assunsero il controllo della Birmania, mentre il Giappone tentò di assicurarsi quello della Corea e di Taiwan. Verso la fine dell'Ottocento il Celeste Impero, gravemente indebolito, divenne oggetto di un "imperialismo informale" da parte di Russia, Inghilterra, Francia, Germania e Giappone che, al posto di un'occupazione diretta del territorio, mirava a mantenere intatta la struttura formale dello stato creando sfere d'influenza all'interno delle quali le singole potenze straniere godevano di una serie di privilegi.

L'emigrazione cinese e le comunità cinesi nel mondo oggi

La civiltà cinese ha avuto storicamente una forte influenza sui paesi confinanti, in particolare sul Vietnam, sulla Corea e in minor misura sul Giappone. La maggior parte degli stati del Sud-est asiatico non è mai stata controllata direttamente della Cina, anche se in passato molti di questi stati rendevano omaggio all'imperatore, come simbolo del ruolo e della forza della cultura cinese. Per secoli, tuttavia, un flusso costante di persone ha abbandonato la Cina a causa delle pressioni sulla popolazione da parte del governo, delle invasioni, delle guerre civili e dei problemi economici. I primi a emigrare furono i commercianti e gli artigiani che si stabilirono nell'Asia sud-orientale, dove continuano ad avere un ruolo dominante nella gestione delle attività economiche di tutta la zona. Questi emigrati cinesi si possono dividere in due gruppi: i cinesi "stretti", discendenti di coloro che emigrarono prima dell'Ottocento, e gli emigrati dell'Ottocento e del Novecento provenienti dalla Cina meridionale, vale a dire i cantonesi, i Teochew, gli Hakka e gli Hokkein. Nell'Ottocento numerosissimi lavoratori cinesi o "coolies" (dal termine cinese *ku li*, "forza amara") furono reclutati per lavorare nelle colonie inglesi, francesi e olandesi e in America. Negli anni Trenta del Novecento c'erano già quasi dieci milioni di cinesi d'oltremare e molti discendenti di quei lavoratori oggi vivono nelle comunità cinesi dei loro paesi di adozione. Per tradizione i cinesi d'oltremare mandano il denaro guadagnato all'estero alle loro famiglie d'origine e quelli più ricchi fanno investimenti in fabbriche che si trovano in Cina o sovvenzionano le università. Molti stabilimenti situati nella Cina meridionale sono gestiti da esuli cinesi di Hong Kong e Taiwan, ma le condizioni di lavoro in alcuni di questi posti non sono proprio ideali. L'atteggiamento dei cinesi del continente verso i loro cugini d'oltremare è spesso una mescolanza piuttosto spiacevole di risentimento e di ammirazione inconfessata.

La rivolta dei Boxer

Il peggio doveva ancora arrivare. L'imperatrice vedova Cixi aumentò le imposte e i contadini divennero sempre più poveri. Gli ultimi anni dell'Ottocento furono inoltre devastati da guerre, inondazioni, carestie e siccità, mentre le potenze straniere si arricchivano alle spalle della Cina. Alla fine, la rabbia dei contadini sfociò nella rivolta dei **Boxer.**

La società segreta xenofoba del Pugno Armonioso, i cui membri erano chiamati "boxer" perché praticavano le arti marziali, era nata nella provincia dello Shangdong e fu appoggiata in un primo momento dal debole governo dei Qing, che vedeva nella sua popolarità fra i contadini la possibilità di mandare via gli stranieri dalla Cina e di mantenere il potere. I Boxer massacrarono i missionari stranieri e i cinesi cristiani, distrussero le chiese e le linee ferroviarie. Nel 1900 marciarono verso Pechino, dove attaccarono le delegazioni straniere. Il rapido intervento delle forze occidentali portò alla sconfitta dei ribelli, ma in tutto il paese sorsero sia nuove società segrete sia partiti politici e organizzazioni sociali di stampo europeo il cui scopo era quello di rovesciare la dinastia dei Qing e di scacciare le potenze straniere.

Sun Yatsen, ancora oggi riverito come il padre della Cina moderna, divenne nel 1905 il leader di uno di questi gruppi, il **Guomindang** o Partito nazionalista cinese, e gli eventi cominciarono a muoversi velocemente. L'imperatrice vedova Cixi morì nel 1908, come pure l'imperatore Guangxu, e il trono passò al piccolo **Puyi**, di appena due anni (immortalato nel film di Bernardo Bertolucci *L'ultimo imperatore*), il cui regno fu molto breve.

La rivoluzione scoppiò nel 1911. Il governo dei Qing ammise finalmente la sconfitta e nel 1912 Sun Yatsen proclamò la nascita della **Repubblica cinese.** Così finì il millenario impero cinese.

I grandi disordini: gli anni dei Signori della guerra e della rivalità tra nazionalisti e comunisti

Dopo l'abdicazione del piccolo Puyi, il potere passò al generale **Yuan Shikai**, il quale concentrò gran parte del potere nelle sue mani, istaurando di fatto una dittatura. Alla sua morte, avvenuta nel 1916, il potere effettivo del governo centrale crollò. Le rivalità interne, l'estrema povertà, le lotte nel nord fra i signori della guerra e l'anarchia imperversavano, mentre il Giappone non aveva rinunciato alle sue ambizioni imperialiste sulla Cina, mentre le potenze europee erano provate dalla Prima guerra mondiale.

Nel 1919 ai giapponesi furono ceduti i possedimenti cinesi della Germania. Nel 1921 Sun Yatsen fu nominato presidente del governo secessionista di Canton. Nello stesso anno fu fondato il **Partito Comunista Cinese (PCC)**, che aveva forti legami con il nuovo regime sovietico della vicina Russia. A partire dal 1923 i comunisti collaborarono con il Guomindang per riunificare la Cina e riuscirono a ottenere il graduale appoggio dei contadini cinesi. Sun Yatsen morì nel 1925 e **Chiang Kaishek**, generale e nuovo leader del Guomindang, dichiarò guerra ai comunisti rompendo così l'alleanza.

La guerra civile che scoppiò nel 1926 ebbe conseguenze terribili: i bambini lavoravano nelle fabbriche per dodici ore al giorno, la gente moriva di fame nelle strade, e ogni notte i carri raccoglievano centinaia di corpi come se fossero spazzatura. Mentre i comunisti e il Guomindang combattevano fra loro per il controllo della Cina, nel 1932 i giapponesi invasero la Manciuria, stabilendovi lo stato fantoccio del Manzhouguo e nel 1932 attaccarono Shanghai. Durante la seconda guerra mondiale i vari gruppi politici si unirono per combattere gli invasori giapponesi. A partire dal 1941 Chiang Kaishek iniziò a ricevere aiuti dagli Stati Uniti e dalla Gran Bretagna.

Fra il 1934 e il 1935, i comunisti intrapresero la "Lunga Marcia" dal sud-est del paese fino al nord-ovest per sfuggire all'accerchiamento del Guomindang.

La guerra civile aperta fra i comunisti e il Guomindang ricominciò nel 1946, e nel 1949 l'Armata Rossa guidata da **Mao Zedong** sconfisse i nazionalisti a Nanchino (Nanjing). Chiang Kaishek scappò a Formosa (l'odierna

Taiwan), portando con sé tutte le riserve d'oro del suo paese ormai ridotto allo stremo.

Il 1° ottobre del 1949, ora celebrato come giornata nazionale e festività civile, Mao Zedong proclamò la nascita della **Repubblica Popolare Cinese (RPC)**.

La Repubblica Popolare Cinese

Per un certo periodo la vita quotidiana della maggior parte dei cinesi migliorò, tanto che molti considerano gli anni cinquanta del Novecento come il miglior periodo dell'epoca maoista.

La fine dei disordini, degli scontri armati e la creazione di uno stato portarono benefici alla popolazione. Nel 1958, tuttavia, Mao propose e lanciò un estremistico quanto folle piano sociale ed economico noto come il "**Grande balzo in avanti**", il cui scopo era dare un rapido impulso allo sviluppo dell'industria per modernizzare il paese.

Tra le misure estreme ci fu la raccolta (di fatto confisca) di tutto il materiale metallico per stimolare l'industria siderurgica, anche pentole e padelle vennero confiscate. A seguito di piani così estremi la popolazione si trovò impreparata a gestire le emergenze e i disastri naturali: i raccolti del 1959 e del 1960 furono rovinati da inondazioni e siccità, che portarono carestia; inoltre la situazione peggiorò ulteriormente a causa della rottura dei rapporti sino-sovietici avvenuta nel 1960, in seguito alla quale l'Unione Sovietica sospese gli aiuti alla Cina.

Mao perse consenso e per un certo periodo, alla metà degli anni sessanta, il potere passò nella mani di **Deng Xiaoping** e di **Liu Shaoqi**. Furono incoraggiati i mercati liberi, ai contadini fu concessa la possibilità di possedere la terra e le politiche fallimentari di stampo sovietico furono abbandonate. Ma questa breve parentesi non durò e le follie ideologiche maoiste ripresero.

La Rivoluzione culturale

Mao pensò che la Cina stesse ritornando al vecchio, e negativo, sistema capitalista e reagì lanciando la "**Grande Rivoluzione Culturale del Proletariato**", le cui truppe d'assalto erano le Guardie Rosse. Lo scopo di questo movimento era rinnovare il controllo sul partito e sul paese, ravvivando il fuoco dell'ideologia e della fedeltà al leader, oltreché bloccare il moto revisionista seguito al fallimento del "Grande Balzo in avanti".

Nessuno fu al sicuro: intellettuali, politici, scrittori, persino tecnici come gli ingegneri vennero colpiti e accusati di essere infedeli e servi del capitalismo. Solo la purezza ideologica della classe proletaria doveva rimanere dopo questa grande epurazione sociale. "Adottare il pensiero di Mao Zedong... combattere i seguaci del capitalismo... e trasformare l'istruzione, la letteratura e l'arte... per facilitare lo sviluppo del sistema socialista", questi i dogmi di quegli anni.

Dal 1966 fino alla morte di Mao, avvenuta il 9 settembre 1976 a causa di una malattia neuromotoria, la Cina fu travolta dalla ferocia e dal caos organizzato. Le scuole e le università furono chiuse, gli insegnanti umiliati e perseguitati; chiunque fosse etichettato come un intellettuale o un capitalista poteva essere torturato, ucciso o spedito a lavorare in condizioni atroci; la sola musica concessa era quella delle otto "opere rivoluzionarie esemplari", le uniche che la moglie di Mao, Jiang Qing, considerava abbastanza proletarie; nelle librerie si trovava il *Libretto rosso* delle citazioni del presidente Mao e poco altro. Milioni di persone morirono, alcune suicidandosi per la disperazione.

La "Politica della Porta Aperta"

Mao aveva in realtà appoggiato tardivamente gli sforzi fatti nel 1970 dal primo ministro Zhou Enlai per ristabilire l'ordine. Una buona opportunità si presentò nel 1972 con la visita in Cina del presidente statunitense Nixon. Dopo la morte di Mao, e l'arresto di sua moglie Jiang Qing e degli altri membri della famigerata "banda dei quattro", cui fu scaricata tutta la colpa della Rivoluzione Culturale per non compromettere il ricordo di Mao, il potere tornò nel 1977 a Deng Xiaoping, grande sopravvissuto politico alle purghe contro ogni previsione.

Il maggior successo di Deng Xiaoping fu la "**politica delle porte aperte**", che riportò la Cina all'interno della comunità globale alla quale aveva voltato le spalle per molto tempo. Deng antepose la praticità all'ideologia: il suo celebre motto "Non importa di che colore è il gatto, l'importante è che prenda il topo" era l'antitesi del dogmatismo di Mao. Il nuovo presidente intraprese una riforma a tutto tondo partendo dall'agricoltura, dando modo ai contadini di coltivare e vendere i raccolti liberamente; grazie ai proventi del settore agricolo stimolò la produzione industriale riportando la Cina verso una graduale apertura all'economia di mercato, senza però limitare il controllo politico del partito comunista.

Già dal 1979 l'economia della Cina raddoppia ogni sette anni e mezzo circa. Il paese è autosufficiente riguardo alle risorse alimentari. Gran parte dei bambini ha accesso ai vaccini, all'acqua potabile e alle cure mediche di base e l'aspettativa di vita è aumentata. Dopo un secolo traumatico, i cinesi oggi stanno ricostruendo la società civile.

Dopo le riforme economiche e l'apertura seppur graduale della Cina al resto del mondo, in molti sperarono e credettero che alle nuove opportunità economiche sarebbero seguite le libertà politiche e una democrazia liberale. I tragici avvenimenti di piazza Tienanmen del 1989 smentirono tutto ciò, le richieste di democrazia e apertura politica degli studenti vennero soffocate con le armi: il Partito Comunista Cinese aveva chiarito che non intendeva cedere il potere in alcun modo. Pur nella tragicità, questi eventi non fecero ripiombare la Cina in un'epoca di disordini come molti temevano. Un altro evento fondamentale del Ventesimo secolo fu, nel 1997, la restituzione dal Regno Unito alla Cina, avvenuta in modo pacifico, del territorio di Hong Kong, questo evento segna la fine di ogni colonialismo occidentale in Cina. Il XXI secolo è già stato definito da molti il "secolo cinese" proprio per l'ascesa internazionale della Cina, simboleggiata dall'assegnazione delle Olimpiadi del 2008 a Pechino. Ma forse il più significativo di tutti è stato l'ingresso del paese nell'Organizzazione Mondiale del Commercio (WTO, World Trade Organization), avvenuto nel 2001 dopo quindici lunghi anni di trattative, ingresso che ha spalancato al mondo l'enorme potenzialità produttiva della Cina, trasformandola in pochissimi anni nella "fabbrica del mondo".

Xi Jinping: il "sogno cinese"

L'attuale presidente Xi Jinping è la perfetta rappresentazione della Cina nel XXI secolo. Gli osservatori sono concordi nel ritenerlo il leader cinese più potente dai tempi di Mao: la sua carriera politica, l'affermazione, l'autorità e la presa sul partito comunista lo hanno portato al vertice in una posizione di grande forza.

Nato e formatosi a Pechino ricopre incarichi dirigenziali in varie province per affermarsi come governatore alla fine degli anni Novanta, nel 2002 entra a far parte del Comitato Centrale del PCC, nel 2007 primo Segretario, ruoli che ne sanciscono il ruolo di successore del Presidente di allora, Hu Jintao. Fino a Xi Jinping era prassi che un Presidente e Segretario del PCC restasse in carica per due mandati (dieci anni) e, allo scadere del secondo mandato di Hu Jintao nel 2012, il Congresso Generale nomina ufficialmente Xi Jinping segretario generale e capo della Commissione militare centrale. Detenere i due ruoli più importanti fa sì che, per consuetudine, a inizio 2013 riceva anche la nomina a Presidente della Repubblica, dato che il maggior ruolo del Partito e dello Stato coincidono sempre in Cina.

Fin qui nulla di strano, è l'iter che si è seguito finora da Deng Xiaoping in avanti, solo che al termine del primo mandato, nel 2018, l'Assemblea Nazionale del Popolo ha votato a grande maggioranza (come in tutte le decisioni importanti in Cina) per eliminare il vincolo dei due mandati presidenziali, aprendosi la strada a un mandato che vada oltre il 2023 e potenzialmente a vita.

A livello politico-ideologico è stata coniata l'espressione "Sogno Cinese" per il progetto della Cina nei prossimi anni; ispirandosi a un vago concetto e all'idea di "Sogno Americano" permette di non avere particolari vincoli di programma e limiti dettati dall'ideologia.

Insieme al sogno cinese anche i "Pensieri di Xin Jinping" sul socialismo e sulla Cina sono stati presi come bandiera politica e guida del partito e del paese. Questi pensieri raccolgono le riflessioni, le idee e gli obiettivi politici del Presidente Xi per affermare il socialismo in Cina e il ruolo della Cina nel mondo, altro esempio del potere e dell'influenza di quest'uomo su questo immenso paese.

Il più recente progetto che sottolinea la crescente importanza della Cina nello scacchiere mondiale è la Belt And Road Initiative, una serie di accordi tra il Paese del Dragone e alcuni stati europei per creare una nuova via della seta facilitando e accelerando i trasporti delle merci da una parte all'altra del mondo.

Governo e politica

Anche se spesso è considerata una nazione autoritaria a partito unico, la Cina ha otto "partiti democratici", alcuni dei quali nati più di cinquant'anni fa, che hanno però solo un ruolo consultivo per il Partito comunista cinese (PCC), che resta costituzionalmente l'unica guida politica della Cina. Non per nulla questi otto partiti vengono chiamati *hua bing*, "vasi di fiori", per il loro ruolo marginale. Il PCC fu fondato il 1° luglio del 1921 e attualmente conta più di 58 milioni di iscritti, con oltre 3,3 milioni di sezioni di base, numeri che fanno sicuramente impressione, ma se consideriamo che la Cina supera il miliardo di abitanti, appare chiaro come gli iscritti al partito non siano in effetti così tanti e ci dà la misura di come sia efficace la presa del Partito sulla società, pur contando su un numero relativamente esiguo di iscritti.

Il Consiglio di Stato, che in Cina è il livello più alto dell'amministrazione statale, è il Congresso nazionale del Popolo. Sotto di esso la gerarchia prevede un'intera gamma di commissioni, ministeri, amministrazioni provinciali e consigli comunali. La Commissione statale per la programmazione e la Commissione statale per la ristrutturazione dell'economia coordinano la politica a livello nazionale. La burocrazia cinese è ancora lenta e complessa e non è abituata all'autonomia di decisione del singolo funzionario, contrastando con una società sempre più dinamica. Tuttavia, in rapporto al periodo che arriva fino alla fine degli anni Novanta, quando l'ingerenza dello stato bloccava ogni tentativo di intraprendere un'attività economica o qualsiasi iniziativa individuale, per la Cina di oggi, questi sono giorni di grande fermento.

La stabilità politica è aumentata, sono stati adottati dei provvedimenti per cercare di sradicare la corruzione dei funzionari, sono stati aboliti molti organi non necessari del governo ed è stato avviato un processo per sviluppare l'autorità della legge. Questo è potenzialmente il più importante fra tutti i cambiamenti e significa che, per la prima volta, il privato cittadino può in teoria fare causa ai funzionari corrotti (anche se in pratica è ancora molto difficile riuscirci) e anche che le aziende straniere hanno una protezione legale, grazie alla presenza di un diritto commerciale sempre più sofisticato. Le organizzazioni cinesi individuali possono ora accedere alle valute straniere e possono gestire in piena autonomia gli incontri con i partner stranieri, la produzione o la commercializzazione di un prodotto o i viaggi all'estero. Come in gran parte dei paesi in via di sviluppo che passano dall'economia pianificata a livello centrale a quella di mercato, la chiusura delle inefficienti aziende statali ha causato disoccupazione, povertà e agitazione sociale, ma ciò è stato compensato dalla crescita economica e dall'apertura di sempre più attività economiche.

Per entrare a far parte del **WTO** la Cina, la cui ammissione è stata oggetto di anni di lunghe contrattazioni, ha dovuto accettare numerose condizioni quali le verifiche pubbliche dei procedimenti legali, la riduzione delle tariffe d'importazione, l'applicazione di norme di sicurezza e di controllo che rispettino gli standard internazionali e l'adozione di provvedimenti per porre fine alla contraffazione dei prodotti degli altri paesi, attualmente molto diffusa.

3. Religione, spiritualità e valori fondanti

La religione: il particolare pensiero cinese

La Cina, proprio per la sua storia, ha sviluppato un modo particolare di intendere la religione, una modalità che in Occidente con l'avvento del Cristianesimo abbiamo perso. Nonostante esistano e si pratichino religioni in senso tradizionale, la Cina ingloba tutto al suo interno, miscelando, rielaborando e facendo poggiare tutto sulla base della propria specifica identità.

Uno dei principi cardine del pensiero cinese, nelle sue varie forme, è l'ordine e l'armonia sociale (che non è sempre accompagnato dalla giustizia sociale) e questo vale ancora oggi.

Le quattro scuole di pensiero che negli ultimi tre millenni hanno maggiormente influenzato lo sviluppo della società dei cinesi Han sono il Confucianesimo, il Legismo, il Daoismo e il Maoismo/Marxismo, e anche se non originario della Cina, occorre fare una menzione al Buddhismo, che in Cina ha vissuto un importante e interessante sviluppo.

Yin e Yang. Alla radice di tutto

Da migliaia di anni, la filosofia e la cosmologia cinese considera l'universo suddiviso in due parti opposte ma complementari, due forze primordiali da cui tutto ha origine: lo *yin* e lo *yang*. Questi termini sono noti a chi conosce l'*Yi Qing*, o *Libro dei mutamenti*, il testo classico cinese sulla divinazione.

Questi due princìpi rappresentano i poli opposti, ma non in modo statico, bensì dinamico, quando ognuno di essi raggiunge il suo estremo produce il suo opposto creando un ciclo infinito, a livello fisico e metafisico. Non vi è mai un blocco, nel pensiero cinese, tutto fluisce continuamente perché solo nel movimento vi è equilibrio. *Yin* corrisponde alla terra, alla luna, al principio femminile, al freddo e al buio, mentre *yang* corrisponde al cielo, al sole, al principio maschile, al caldo e alla luce, tanto che il sole è ancora oggi chiamato *tai yang*, vale a dire "massimo *yang*". L'alternanza di *yin* e *yang* crea i cicli della natura ed è per questo che dopo la notte viene il giorno e che le stagioni si susseguono in un ciclo continuo. Questi due principi sono alla base delle teorie della divinazione, della medicina, della cosmologia e delle arti marziali cinesi e sono rappresentati graficamente da un cerchio contenente una forma scura che circonda un nucleo chiaro e dal suo opposto, cioè una forma chiara con un nucleo scuro. È un modo per mostrare che il principio maschile e quello femminile non esistono allo stato puro, poiché ognuno contiene il suo opposto, e non solo in un momento preciso ma in un continuo scorrere e alternarsi di una cosa nell'altra.

Il Confucianesimo. La religione della società

Viene denominato confucianesimo il sistema di dottrine etiche elaborato dal filosofo **Kongfuzi** (letteralmente il maestro Kong), latinizzato in **Confucio** nel VI secolo a.C. Confucio sviluppò il suo messaggio in un periodo di grande instabilità politica per la Cina, divisa in vari Stati perennemente in guerra tra loro, e la sua attenzione non si rivolse verso un messaggio soprannaturale quanto piuttosto sulla rettitudine, la virtù morale, il valore dell'armonia nella famiglia e nella società.

L'aspetto peculiare del confucianesimo fu quello di vedere i rapporti sociali e umani come espressione ed emanazione del sacro. La corretta armonia sociale si realizza con una retta condotta personale e soprattutto sociale, e si manifesta in una corretta esecuzione dei riti che preservano l'armonia interna alla società e tra il mondo degli uomini e il divino. Un regno in pace è ove ognuno rispetta la sua posizione sociale, dove il sovrano fa e agisce da sovrano e il suddito da suddito; ognuno consapevole del proprio ruolo e dell'importanza che ne consegue. . Il pensiero confuciano fu il cardine del pensiero politico e sociale cinese; dall'inizio della dinastia Han in poi (206 a.C.) ogni dinastia si resse su una burocrazia di funzionari e ministri formati nella filosofia e nelle pratiche confuciane. L'imperatore costituiva il grande cardine simbolico del paese e dell'impero, un regno solido e armonioso poteva esistere soltanto sotto il governo forte, stabile e benevole di un sovrano giusto, moralmente retto e garante dell'armonia tra terra e cielo. Molto importanti nel confucianesimo sono anche i 5 rapporti che stabiliscono ordine gerarchico all'interno della società: padre-figlio, sovrano-ministro, marito-moglie, fratello maggiore-fratello minore. L'unico rapporto in condizioni di parità è il quinto, amico-amico.

A seguito della rivoluzione comunista, il confucianesimo fu osteggiato da Mao Zedong, che antepose la devozione verso il popolo o lo Stato a quella verso la famiglia, ma i princìpi essenzialmente conservatori di Confucio sono ora di nuovo invocati dal partito comunista allo scopo di mantenere la nazione più unita.

Il Legismo. La forza e la legge

La scuola filosofica del Legismo ebbe il suo breve momento di gloria nel 211 a.C. all'epoca della riunificazione del territorio cinese ad opera di Qin Shi Huangdi, il primo imperatore dei Qin. A differenza del pensiero confuciano i pensatori legisti, i cui esponenti più importanti sono **Han Feizi** e **Li Si**, avevano una visione meno benevola della natura umana e della capacità degli individui di raggiungere l'ordine sociale da soli. Secondo i legisti, l'uomo nasce fondamentalmente cattivo e solo un sistema di leggi autoritarie e punitive può domare i suoi istinti più bassi. Il sistema politico sostenuto dai legisti è fondamentalmente autocratico, in cui la legge è chiara, severa e punitiva e il potere è saldamente in mano all'imperatore.

Nonostante la loro influenza sarà sempre minore rispetto al confucianesimo classico, che dà più importanza all'esempio e alla risoluzione armoniosa delle controversie prima ancora che con il ricorso alle leggi, il legismo contribuirà a formare la filosofia di governo imperiale dagli Han in poi. La legge sarà sempre un'emanazione di punizioni più che di garanzie, poiché l'armonia sociale emerge naturalmente comportandosi in modo virtuoso.

Il Taoismo. La forza dell'armonia naturale

Il **Taoismo**, o **Daoismo** come scritto più correttamente secondo il metodo *pinyin*, è il prodotto cinese più caratteristico in termini di filosofia-mistica e religiosa. Enunciato nella sua forma più completa da **Laozi** (nato nel VI secolo a.C.) e **Zhuangzi** (vissuto tra il IV e il III secolo a.C.), il Daoismo incorpora e sviluppa concetti tradizionali cinesi (il Qi, yin e yang) e si colloca come uno dei capisaldi del pensiero cinese.

Se il centro del pensiero confuciano era l'ordine sociale e una sorta di filosofia politica e morale, il Daoismo si preoccupa del raggiungimento di un'armonia universale e interiore, che si raggiunge adeguandosi al ritmo naturale delle cose e della vita. Saper cogliere questo ritmo, rispettarne i ritmi e i moti, seguirne la Via è agire in modo concorde al **Dao** (letteralmente la Via), che è il principio primo e impersonale dell'universo.

Il Dao non è una persona o un Dio, è ovunque e sempre e non ha nome. Una volta compreso ciò e agendo di conseguenza, cioè lasciandosi guidare dalla natura stessa si vive in pace, in armonia e secondo giustizia, occorre seguire il **Wu wei**, cioè la legge del "**non agire**". Secondo il Daoismo, la spontaneità non genera caos ma piuttosto ci porta a vivere armoniosamente, non bisogna affannarsi per imporre la propria volontà quanto cercare di raggiungere una quiete interiore e una mente libera.

Il Buddhismo

Il Buddhismo giunge in Cina per la prima volta durante la dinastia Han (206 a.C.-220 d.C.) anche se sarà alla caduta della dinastia e ai seguenti periodi di forte instabilità che comincia a diffondersi tra la popolazione.

Delle varie tradizioni buddhiste sarà quella **Mahayana** (lett. del Grande Veicolo) a penetrare con più successo in

Cina; credendo che ogni uomo, e non solo i monaci, possa raggiungere l'illuminazione grazie all'intermediazione dei **Bodhisattva** (santi con poteri spirituali che rinunciano temporaneamente alla salvezza per compassione verso gli altri uomini), il Buddhismo riuscirà a integrarsi nella mentalità e nella filosofia cinese e acquistando caratteristiche proprie grazie all'influsso e al confronto con le altre filosofie presenti.

Conobbe grande diffusione sotto gli imperatori Tang (618-960 d.C.) e influenzò moltissimo l'arte, la cultura e la letteratura cinese.

Il Marxismo-Maoismo

Gli scritti di Karl Marx hanno avuto una grande influenza sui rivoluzionari dell'Ottocento e del Novecento, e inevitabilmente hanno avuto successo anche in Cina, verso la fine dell'età imperiale, rispondendo al bisogno delle élite cinesi di strumenti ideologici e politici che aiutassero la Cina a risollevarsi. **Sun Yatsen**, come pure molti dei primi rivoluzionari cinesi, fu influenzato dalla filosofia occidentale con i suoi principi razionalistici, così come dai sentimenti romantici di patriottismo e nazionalismo.

Si impegnò tutta la vita per coniugare una modernizzazione di tipo occidentale con le tradizioni culturali cinesi, ispirandosi ai concetti fondamentali di giustizia sociale, uguaglianza di tutti gli uomini, assistenza ai membri più poveri e equa distribuzione della ricchezza.

I primi rivoluzionari erano alla ricerca di un'ideologia che li guidasse nella lotta per liberare i contadini e i lavoratori da quello che consideravano uno sfruttamento da parte dei proprietari terrieri e delle prime fabbriche sorte nelle città, che erano in collusione con l'élite dominante.

Il **Partito Comunista Cinese** nacque a Shanghai nel 1921 e ovviamente risentì dell'influenza del Partito Comunista sovietico, ma fu solamente a partire dal 1949 che il pensiero di Mao Zedong si sviluppò in modo indipendente. Mao incitava continuamente i cinesi a identificarsi con i contadini, gli operai e in generale con le classi lavoratrici per portare avanti un'autentica lotta di classe. La gente rinunciò agli ornamenti personali, come i gioielli, o ai quadri appesi alle pareti, e se qualcuno aveva una giacca o un paio di pantaloni nuovi li nascondeva sotto indumenti vecchi e laceri. Anche la metafora della "ciotola di riso" era parte della filosofia maoista: a ogni cinese veniva assegnato un lavoro sicuro per tutta la vita (ma sottopagato) ed era garantita una ciotola di riso al giorno (una ciotola di ferro, indistruttibile), che veniva però riempita con una piccola quantità di riso di qualità scadente.

Il pensiero comunista in Cina si è contraddistinto, finché Mao era in vita, per un'ideologia della **"rivoluzione perenne"**, per dare sempre nuovo impulso e pilotare sempre più antagonismo tra i vari strati della popolazione e allo stesso tempo evitando la reale costruzione di una società effettivamente più equa.

Già a partire dagli anni Sessanta i nuovi imperatori, protetti dietro alte mura, iniziarono a godere di molti piaceri della vita, proibiti invece al resto della popolazione. Oggi l'opinione ufficiale dei cinesi sull'operato di Mao è che è stato "positivo al 70% e negativo al 30%", mentre la Rivoluzione Culturale viene considerata "uno sbaglio", quasi un incidente di percorso. Il ritratto di Mao, tuttavia, è ancora appeso sopra l'entrata della Città Proibita e il suo corpo imbalsamato (che secondo alcune voci sarebbe stato sostituito da una statua di cera) è tuttora conservato in un enorme mausoleo eretto in piazza Tienanmen, interamente dedicato all'ex presidente. I bambini a scuola studiano ancora alcuni dei suoi insegnamenti e il suo ruolo determinante nella liberazione della Cina dagli invasori giapponesi e dall'esercito del Guomindang di Chiang Kaishek è incontestato. Lo slogan "quanti più poveri tanto meglio" è stato da tempo sostituito dalla variante più popolare di Deng Xiaoping "arricchirsi è glorioso". Tuttavia, anche se i cinesi spesso criticano Mao, a uno straniero non è egualmente consentito. La pazienza è una virtù inculcata nei cinesi da tempo immemorabile, perché hanno dovuto sopportare molta più tirannia, anarchia e malgoverno di qualsiasi occidentale.

Festività e rituali. Molte religioni e nessuna

La politica ufficiale è quella di tollerare le religioni ma non di incoraggiarle. La Costituzione contempla la libertà del credo religioso e vieta le discriminazioni nei confronti dei credenti e degli atei, anche se la teoria e la pratica non sempre coincidono. In Cina ci sono molte religioni differenti, stando ai dati ufficiali: circa cento milioni di cinesi sono buddhisti; diciotto milioni si presume siano musulmani; dieci milioni sono protestanti e quattro milioni cattolici. Queste tuttavia sono solo delle semplici stime, dal momento che numerosi cinesi sono assai riservati riguardo alla loro appartenenza o meno a una fede religiosa.

Forse possiamo dire che i cinesi, prima che specificatamente religiosi siano cinesi, ovvero con una base culturale su cui ogni credo si è innestato: il culto degli antenati, il ruolo della famiglia, dello Stato e dell'Impero hanno sempre forgiato la mentalità cinese sia per quanto riguarda la società sia per quanto riguarda il mondo. Se volessimo trovare una similitudine occidentale a questa mentalità cinese dovremmo tornare alla Roma precristiana, una cultura dove i differenti dei coesistevano e spesso si sovrapponevano in un contesto culturale romani, dove il *mos maiorum*, il culto degli antenati e la devozione allo Stato romano facevano da cornice unica.

Anche se la maggioranza dei cinesi è laica e atea, le feste tradizionali, con le credenze e i rituali a esse legate, sono importanti perché danno all'anno una struttura scandita dalle ricorrenze e aiutano a definire il significato della vita, come pure della posizione delle persone nel mondo e all'interno della famiglia. Le leggendarie divinità cinesi – come la scimmia semidivina Sun Wukong, che accompagnò il monaco Xuanzang durante un celebre pellegrinaggio raccontato nel romanzo epico *Viaggio a Occidente* – sembrano agli occhi degli occidentali egoiste, crudeli e capricciose.

Xuanzang e il viaggio in occidente

La vita del monaco Xuanzang è stata talmente singolare e avventurosa che a essa è dedicato il romanzo epico *Viaggio a Occidente* – uno dei capisaldi della letteratura e della cultura cinese.

Chén Hui, detto Sanzang dal nome dei sutra che portò con sé dal suo viaggio, nacque a Luoyang, 602 e morì a Tongchuan nel 664. Questo monaco buddhista, esploratore e traduttore cinese, intraprese un viaggio pieno di peripezie verso l'India, motivato dal desiderio di studiare i testi originali in sanscrito e accedere a un numero più ampio di scritture rispetto a quelle disponibili in Cina. Nonostante il divieto imperiale di espatrio dovuto alla guerra con i Göktürk (turchi orientali), Xuanzang riesce a fuggire attraverso le province di Gansu e Qinghai, attraverso il deserto del Gobi fino all'oasi di Hami.

Il suo viaggio lo porta attraverso diverse regioni, evitando briganti e visitando monasteri buddhisti lungo il percorso. Ottiene passaporti e supporto da re buddhisti, come a Turfan, e attraversa luoghi come Kucha, Aksu, e Bedal nel Kirghizistan. Arriva a Samarcanda, dove impressiona il re locale con la sua predicazione. A Bamyan, in Afghanistan, osserva i due Buddha di Bamiyan, distrutti dai talebani nel 2001.

Proseguendo verso l'India, attraversa il passo di Shibar, entra nel regno greco-buddhista di Gandhara a Kapisi e visita numerosi monasteri. A Nagarahāra e Laghman, incontra una vasta comunità di monaci buddhisti. A Kapilavastu, fa tappa prima di raggiungere Lumbini, il luogo di nascita del Buddha, e successivamente visita luoghi significativi come Purushapura (Peshawar), Udyana, Takshashila, e Mathura. Nel 633, Xuanzang lascia il Kashmir e si dirige a Sud verso Chinabhukti, studiando per un anno con il principe Vinitaprabha. Si rivolge poi a est verso Jalandhara, visita monasteri theravādin e prosegue a Sud attraverso diverse città, incluso Ayodhya e Kausambi. Arriva infine a Nālandā, la più grande università indiana dell'epoca, dove studia per due anni.

Nel 637, Xuanzang visita luoghi come Kusinagara e Sarnath, per poi dirigersi verso est attraverso Varanasi, Vaiśālī, Pataliputra, e Bodh Gaya. Viaggia attraverso il Bengala, attraversando Orissa e Andhra, arrivando infine a Mahabalipuram e Kanchipuram. Evita Sri Lanka, seguendo la costa orientale e attraversando Goa e Maharashtra.

Ritornando a Nālandā, partecipa a dispute oratorie e difende la dottrina buddhista contro le scuole induiste. L'imperatore Harsha lo invita nella sua capitale, dove Xuanzang partecipa a un'assemblea religiosa. Nel 644, lascia l'India attraversando l'Indo e incontra il re del Kashmir. Xuanzang fa ritorno attraverso il Pamir, ripercorrendo la strada che lo aveva portato in India.

Torna in Cina nel 645, portando con sé 657 sutra in sanscrito. L'imperatore Tang Taizong lo accoglie con privilegi, chiedendogli di scrivere un resoconto del viaggio. Xuanzang scrive *Viaggio in Occidente dal Grande Tang*, un documento storico fondamentale. Diventa capo di un'accademia imperiale a Chang'an, dedicando il resto della vita alle traduzioni. La sua scuola, la Faxiang, sopravvive solo in Giappone nella scuola Hossō.

Il suo viaggio ispira opere teatrali e romanzi, incluso il celebre *Viaggio in Occidente* del XVI secolo. Questo classico è arrivato a ispirare persino l'anime giapponese **Dragon Ball** di Akira Toriyama e la serie TV coreana *A Korean Odissey*!

4. Cultura e società

Già tremila anni fa i cinesi tessevano la seta, scolpivano la giada, fondevano il bronzo e producevano varie leghe metalliche (l'acciaio per esempio); creavano ceramiche raffinate, coltivavano il grano, il miglio e il riso; e tramandavano per iscritto gli eventi utilizzando una scrittura composta da migliaia di caratteri.

Alcuni esempi di prodotti d'avanguardia del genio cinese includono: la balestra, utilizzata in Europa nel Medioevo, fu inventata in Cina circa 1500 anni prima. Mille anni prima della rivoluzione industriale inglese, in Cina era già stato creato il forno alimentato a carbone e l'altoforno per l'acciaio. La scienza cinese, trasmessa in Europa a ondate, gettò le basi di molte componenti del mondo moderno, mentre l'arte, l'architettura, il linguaggio, la letteratura e la filosofia della Cina continuano a essere studiati e ammirati da persone colte di tutto il mondo.

La filosofia cinese, nella sua ricchezza, ha fornito moltissimi prodotti culturali e pratiche che ancora oggi influenzano e fanno apprezzare la cultura e la Cina all'estero. Dalle arti marziali alla medicina tradizionale, la cultura cinese è sempre stata una cultura sì profonda e intellettualmente ricca, ma soprattutto una cultura pragmatica, che ha sempre integrato e declinato le novità provenienti dall'esterno rielaborandole e arricchendole.

La lingua cinese

Mandarimo, cantonese e altre varietà di cinese

A causa della sua enormità geografica, della conformazione del territorio, dei vari popoli e regni che l'hanno popolata, non è sorprendente che in Cina nel corso della storia si siano sviluppate diverse forme di lingua cinese. In genere queste forme vengono chiamate "dialetti", perché i cinesi concepiscono il cinese come un'unica lingua ma, poiché nella maggior parte dei casi non sono mutuamente comprensibili, è più utile considerarle come lingue separate.

Oltre alle numerosissime varianti regionali ci sono sette famiglie principali:

- il cinese mandarino, *Putonghua* (che oggi è la lingua cinese standard) parlato nel nord;
- la variante *wu* (comprendente la parlata di Shanghai, e originaria della foce del Fiume Azzurro);
- il dialetto *xiang* (regione dell'Hunan, nella zona dei laghi), il *gan* (nelle regioni confinanti il *xiang*);
- l'*hakka* (nella Cina del sud nelle regioni del Guangxi e del Guangdong);
- lo *yue* (che costituisce il cantonese standard, quindi zona del Guangdong e di Hong Kong);
- il *min* (tipico della zona del Fujian, quindi la costa verso Taiwan e molto diffuso anche sull'isola).

Parlare in inglese con i cinesi

A causa degli sconvolgimenti nel sistema scolastico avvenuti durante e dopo la Rivoluzione Culturale, la quantità d'inglese conosciuta dai vostri amici e conoscenti cinesi varia considerevolmente. L'inglese viene ora insegnato a ogni livello del sistema scolastico e la voglia di imparare questa lingua sta aumentando di giorno in giorno. In ogni caso, anche coloro che conoscono un po' d'inglese sono più abili nello scritto e nella lettura, poiché spesso non sono abituati a parlarlo. Alcuni cinesi parlano un inglese ottimo, altri invece non lo conoscono per niente perché a scuola potrebbero aver studiato il russo o il giapponese.

Quando parlate cercate di essere pazienti, utilizzate frasi brevi, parlate più lentamente del solito se sospettate di non essere capiti e cercate di non usare parole inutilmente difficili o termini gergali. Siate pronti a ridire in modo diverso quello che avete appena detto piuttosto che a ripeterlo più lentamente, e state attenti a non alzare la voce. È importante che guardiate negli occhi la persona con cui state parlando piuttosto che rivolgervi solamente all'interprete. Se riuscite a imparare alcune frasi semplici in cinese vi accorgerete che sarà molto gratificante.

È curioso notare come la varietà sia molto più accentuata a sud che non a nord, proprio a motivo della geografia; a sud del Fiume Azzurro troviamo un territorio di vallate, montagnoso e collinare, dove i collegamenti sono condotti via fiume e dove le comunità sono rimaste a lungo isolate, proprio per questo troviamo molti più dialetti e più differenze all'interno delle stesse famiglie nel sud rispetto alle pianure settentrionali della Cina.

La lingua cinese

Oggi, il mandarino è la lingua ufficiale insegnata nelle scuole della RPC e in quelle di Taiwan ed è il linguaggio in genere usato in Cina per comunicare. Nella RPC è chiamato *Putonghua* ("parlata standard o comune"), come pure *Hanyu* (lingua degli Han) e *Zhongwen* (lingua cinese). A Taiwan è chiamato *Guoyu* (linguaggio nazionale) o *Huayu* (ricordiamo che *Hua* era l'antico nome della Cina). In teoria qualunque cinese sotto i cinquant'anni circa dovrebbe essere in grado di parlare il mandarino – anche se a casa la gente preferisce utilizzare la variante locale – ma in pratica non è così.

Il cinese è una lingua tonale e fa parte della famiglia linguistica sino-tibetana. Le lingue tonali sono quelle in cui la stessa sillaba pronunciata con una variazione nel tono della voce cambia significato. Per esempio, la parola *tang* pronunciata con tono piano significa "zuppa", mentre se la si pronuncia con il tono ascendente significa "zucchero"; il termine *gou* pronunciato con tono discendente-ascendente significa "cane", mentre se lo si pronuncia con il tono discendente significa "abbastanza".

Per gli occidentali, il più grande ostacolo per imparare il cinese e parlarlo correttamente è rappresentato dai toni.

In Asia sud-orientale ci sono altre lingue tonali come il cinese, quali il vietnamita, il birmano e il thailandese.

Il mandarino ha quattro toni:
- 1° tono o piano (abbastanza alto)
- 2° tono o ascendente
- 3° tono o discendente-ascendente
- 4° tono o discendente

Se vi può sembrare complicato, pensate che il cantonese può avere fino a 9 toni. Nel cinese antico le parole erano soprattutto monosillabiche, mentre nel cinese moderno la maggior parte delle parole ha due sillabe. Ogni sillaba è rappresentata da un singolo carattere cinese. Il cinese ha molti meno suoni rispetto ad altre lingue, ragion per cui moltissime parole hanno ugual pronuncia.

Un aspetto curioso della lingua cinese è che ha una grammatica molto semplice se paragonata alle nostre lingue:
- per i sostantivi non dovrete imparare maschile e femmile, singolare e plurale, sarà il contesto della frase e soprattutto il soggetto e le varie specificazioni a chiarire numero e genere delle cose;
- per i verbi non vengono declinati né per persona né per tempo verbale, *shì* (verbo essere) è uguale in qualunque persona e qualunque tempo, sarà di nuovo il contesto della frase a chiarire il significato.

Facendo uso di una scrittura in caratteri risulta chiaro come non sia possibile "aggiungere pezzi alle parole", come in italiano, per declinarle. Ogni carattere ha senso in sé e quindi è l'insieme della frase e del contesto a fornire i dettagli.

Il *pinyin*. Il metodo per trascrivere il cinese

Il *pinyin*, il sistema di traslitterazione utilizzato in questo libro, fu adottato dalla RPC nel 1979 e ha sostituito il sistema Wade-Giles, il cui nome deriva da quello dei suoi inventori. Questo spiega perché a volte vediamo nomi cinesi scritti in modi diversi.

La grande importanza del pinyin rispetto ad altri metodi di trascrizione fu che quest'ultimo è stato sviluppato dai cinesi per la loro lingua, anziché da stranieri. Per esempio il vizio del Wade-Gilles consiste nell'essere un sistema sviluppato da anglofoni per anglofoni, ne risulta che hanno interpretato e reso suoni cinesi per un anglofono, e in alcuni casi non distinguevano tra suoni che in cinese sono diversi: ad esempio, la famosa ginnastica e arte marziale cinese *Taijiquan* era trascritta *Tai ch'i ch'uan* in Wade-Gilles.

A questo bisogna aggiungere le differenze negli accenti regionali, il cambiamento nel corso del tempo dei nomi dei luoghi e l'usanza cinese di dare nomi cinesi a tutti i posti per adattarli alla propria lingua (come Kasha per la città nord-occidentale di Kashgar). Ci sono anche posti nel sud della Cina che gli occidentali chiamano con una versione del loro nome cantonese, come ad esempio Hong Kong, che in mandarino è Xiang Gang ("porto profumato") ed è così che viene chiamata dai cinesi che parlano la lingua ufficiale della Cina (circa il 70% della popolazione).

In tutti i casi, il pinyin ha determinato una standardizzazione della lingua cinese molto utile. Viene utilizzato, ad esempio, per compilare gli elenchi telefonici e i dizionari; poiché il cinese non ha un alfabeto vero e proprio, questo è il solo modo per dare un ordine alle parole. Le tastiere dei computer utilizzano il *pinyin*. Per esempio per scrivere al pc o sullo smartphone si digita su una normale tastiera la trascrizione della parola in *pinyin*; ad esempio la parola *ma*, utilizzando le due lettere del nostro alfabeto *m* e *a*, il software proporrà una serie di differenti caratteri cinesi (a cominciare dai più comuni) che si pronunciano *ma* e che hanno ognuno un significato diverso. Dovete solo cliccare sul carattere giusto e questo verrà inserito.

Ma la vera e inestimabile ricchezza della lingua cinese è la sua **scrittura**. Considerata uno delle più antiche del mondo, era inizialmente costituita da pittogrammi che si trasformarono in caratteri formati da una serie di tratti. Alcuni caratteri cinesi hanno conservato la loro forma pittografica e ancora oggi sono semplici disegni stilizzati della cosa che rappresentano.

Il sole (*taiyang*) era rappresentato da un cerchio con un puntino al centro, mentre ora ha la forma di un quadrato con all'interno un trattino. L'acqua (*shui*) è rappresentata da tre linee che scorrono; l'uomo (*ren*) è rappresentato da un essere umano senza testa ma con le gambe.

Questi concetti semplici si possono unire ad altri per crearne dei nuovi; i caratteri che rappresentano il sole e la luna messi assieme ne formano un altro che vuol dire "luminoso". Il carattere "famiglia" è formato da un "tetto" sopra a un "maiale" (a significare che il possesso di questo animale rendeva prospera una casa e la famiglia poteva sfamarsi).

La scrittura cinese è abbastanza uniforme in tutto il paese, e a seguito della riforma linguistica fortemente voluta da Mao in un'ottica di miglioramento del tasso di alfabetizzazione si utilizza la forma semplificata dei caratteri cinesi, con meno tratti e di più facile scrittura, anche se si perde un po' di estetica e di legame con il passato.

Ci sono diverse opinioni circa il numero totale dei caratteri cinesi, ma probabilmente ce ne sono circa 50.000. La conoscenza di 3000 caratteri offre la possibilità di capire gran parte dei menu e delle insegne, ma se volete leggere un giornale ne dovrete conoscere almeno 5000 o 7000.

Gran parte dei caratteri cinesi è formata da due parti: il radicale, che indica a quale classe appartiene la parola, e il componente fonetico che suggerisce la pronuncia. Il carattere utilizzato per il termine "limpido" o "puro" (*qing*) è costituito dal radicale dell'acqua più l'elemento fonetico *qing* da cui deriva la sua pronuncia.

Ci sono circa 250 radicali, alcuni piuttosto comuni, come quello utilizzato per le parole legate al concetto di fuoco (ad esempio: bruciare, fumo, cenere), o quello che indica la mano e tutte le varie azioni connesse, mentre altri sono meno utilizzati.

Anche se agli occhi degli occidentali l'apprendimento dei caratteri cinesi sembra un'impresa da incubo, i bambini cinesi cominciano a studiarli sin da piccoli e si applicano con molto impegno.

L'analfabetismo è basso, anche se naturalmente il numero di caratteri conosciuti da una persona dipende dal suo grado d'istruzione e dal tipo di lavoro. I cinesi hanno delle difficoltà a decifrare l'alfabeto delle lingue occidentali: come fa notare la scrittrice Jung Chang, "un lettore abituato ai concisi e compatti caratteri cinesi trova macchinoso il modo in cui l'informazione viene sparsa in ogni parola".

Uno dei problemi legati al fatto che ogni carattere è differente (anche se i radicali danno un suggerimento, possono avere un collegamento vago con il reale significato della parola) è che è possibile per un cinese imbattersi in un carattere che non ha mai visto prima nei libri o nei giornali e non conoscerne quindi né il significato né la pronuncia. Un esempio di questa particolarità della scrittura cinese è l'episodio capitato a un'insegnante straniera di Pechino che voleva comprare un dado per fare un gioco da tavolo durante le lezioni. Ovviamente, data la passione dei cinesi per il gioco d'azzardo, tutti gli studenti conoscevano la parola cinese utilizzata per definire questo oggetto, ma quando l'insegnante chiese di scriverla per poterla mostrare al negoziante al momento dell'acquisto, nessuno sapeva farlo (forse perché all'epoca di Mao il gioco d'azzardo è stato vietato per decenni). Alla fine trovarono un uomo molto anziano che conosceva il carattere corrispondente alla parola (ha il radicale delle ossa, il materiale con cui erano fatti i dadi prima dall'avvento della plastica), ma anche quando fu scritto nessuno dei giovani commessi del negozio riusciva a leggerlo!

Per gli stranieri è utile riconoscere qualche carattere cinese. Tuttavia, se lo si desidera, lo studio del cinese può diventare un interesse che può durare per tutta la vita.

Calligrafia e pittura

Elaborare la scrittura fino a farne arte è uno sviluppo comune in molte culture, ma non in tutto si nota una tale apprezzamento e una diffusione come in Cina; d'altronde la scrittura in caratteri si presta particolarmente bene nell'essere rappresentata artisticamente, infatti l'arte del calligrafo è apprezzata come quella del pittore.

Poiché i caratteri vengono considerati alla stregua di una preziosa decorazione, nel corso dei secoli molti artisti famosi hanno aggiunto ai dipinti e ai rotoli bellissimi caratteri realizzati con il pennello, che nella maggioranza dei casi esprimevano apprezzamento per il dipinto, aggiungendo valore all'opera stessa. Non esiste un equivalente occidentale a questa forma d'arte; sarebbe come se in un dipinto di Rembrandt ci fossero elogi di Cézanne o di altri pittori scarabocchiati in un angolo.

Un'altra grande differenza è che, mentre l'arte occidentale, e in genere quella della maggior parte delle culture, premia soprattutto l'originalità, l'arte cinese si è attenuta per secoli al principio confuciano della ricreazione continua dell'età dell'oro del passato; le tecniche venivano (e sono ancora) insegnate in modo che l'allievo potesse dipingere come avevano fatto i grandi maestri parecchi secoli prima della sua nascita e anche i soggetti (bambù, fiori di pesco e così via) erano gli stessi. La calligrafia si sposa meravigliosamente con la pittura tradizionale cinese, la quale rappresenta spesso paesaggi naturali, animali, piante e qualche scena umana. Tradizionalmente sono le linee e gli spazi che delimitano a suggerire la figura, si può dire che la pittura cinese preferisca il vuoto al pieno. Le figure sono delineate e non sono rappresentati tutti i dettagli e la pienezza di colore della pittura europea. Proprio questa caratteristica fa sì che la calligrafia sia perfetta per integrarsi nel dipinto e valorizzarlo.

Il Feng Shui

Negli ultimi anni il Feng Shui è diventato molto di moda in Occidente. In Cina invece la sua popolarità è un po' in calo tranne che nel sud e a Hong Kong. Nella lingua cinese *Feng* significa "vento"; *shui* invece vuol dire "acqua"; per cui il *Feng Shui* sarebbe "l'arte del vento e dell'acqua", ovvero un'antica sapienza geomantica. Questa espressione vuole indicare che l'ambiente naturale e le energie che lo percorrono, hanno influenza sul benessere, l'armonia e il destino delle persone. Attraverso la corretta applicazione del *Feng Shui* si impara a gestire e incanalare le energie positive. Individuare la posizione esatta in cui costruire tombe, templi, abitazioni e, al giorno d'oggi, anche gli uffici è compito dell'esperto di *Feng shui* e tiene conto di ogni collina, campo e massa d'acqua presenti sul posto, di alture, di esposizione solare e del ricircolo dell'aria. Dato che per scegliere un luogo propizio sono necessari calcoli complessi e conoscenze esoteriche, le famiglie e le imprese prima di prendere qualsiasi decisione consultano un geomante esperto, spesso spendendo cifre considerevoli.

In Occidente i progetti per la costruzione di case o uffici nuovi possono non essere approvati per motivi ambientali o storici, mentre gli abitanti dei villaggi del sud della Cina potrebbero opporsi alla costruzione di un nuovo edificio perché rovina il *Feng Shui* della zona. Seppur questa pratica va un po' scomparendo, in molti contesti è considerato importante e di buon auspicio non rompere l'armonia del *Feng Shui*.

Nel caso di un'abitazione è importante che sia protetta da un'altura a nord per ripararla dalle correnti fredde, che abbia un corso d'acqua a sud per portare refrigerio; l'est deve essere riparato da piante per fare ombra, così come a ovest ove però le piante devono essere più basse per permettere alle ultime luci della sera di raggiungere la casa. Oltre alla struttura anche la disposizione delle stanze e dei mobili segue precise valutazioni.

A livello urbanistico una città tradizionalmente perfetta sotto il profilo del *Feng Shui* era la Pechino storica; costruita con strade e palazzi perfettamente allineati sull'asse nord-sud con al centro la Città Proibita a equilibrare e a convogliare le energie celesti e terrestri, Pechino era il perfetto esempio della città costruita secondo i dettami della geomanzia cinese.

La medicina cinese

Se tutto il cosmo, la natura e anche le città devono assecondare le energie naturali, non di meno deve fare l'uomo che vuole mantenersi sano e vivere a lungo. Non esiste nulla, nella cultura cinese tradizionale che sia scollegato da ciò che lo circonda, infatti secondo la medicina tradizionale cinese il corpo umano è un cosmo in miniatura, soggetto alle stesse forze *yin* e *yang* che governano il mondo. La nostra salute e la malattia sono un riflesso dell'armonia, o della disarmonia, tra *yin* e *yang* e dello scorrere del *qi* o "energia vitale" che attraversa tutto il corpo. Se il *qi* fluisce liberamente e senza ostacoli allora la salute sarà buona e la persona in forma, se invece il flusso è ostacolato o troppo accelerato la persona soffrirà e solo il riportare in equilibrio l'intero sistema le ridonerà la salute. Ogni aspetto, malattia, trattamento, cibo viene declinato in base all'apporto di *yin* e *yang* e dei vari elementi costitutivi (legno, acqua, terra, fuoco e metallo), anche in funzione della persona, dell'età, del momento dell'anno e della salute. La medicina cinese prevede diversi tipi di trattamenti terapeutici; fra questi i più noti in Occidente sono l'agopuntura, i rimedi a base di erbe, certe tipologie di massaggio, l'uso di coppette. L'agopuntura in particolare (con aghi sterili naturalmente) può essere molto efficace per alcuni disturbi, così come lo possono essere i rimedi alle erbe tradizionali. Qualora siate curiosi potreste anche provare questi trattamenti con uno scopo diciamo "culturale", anche qualora stiate benissimo, la medicina cinese mira al riequilibrio del corpo per cui non è fondamentale che abbiate dei sintomi. Il medico vi visiterà e deciderà il trattamento appropriato.

L'agopuntura viene praticata da almeno duemila anni e il trattamento consiste nell'introdurre nei punti energetici dei sottili aghi d'acciaio inossidabile, che vanno a stimolare il sistema e a regolarizzare il flusso del *qi*. Gli aghi vengono poi fatti vibrare parecchie centinaia di volte al minuto collegandoli con la corrente elettrica per un breve intervallo di tempo.

L'agopuntura è particolarmente efficace per alleviare i dolori cronici, i reumatismi, problemi articolari, muscolari, posturali e altri problemi di varia natura. Viene anche utilizzata, con risultati incerti, per aiutare le persone a smettere di fumare.

Alcuni agopuntori utilizzano, al posto degli aghi, semi di senape che vengono fissati con cerotti in determinati punti delle orecchie; si dice che se si premono forte tre volte al giorno hanno un effetto benefico simile a quello degli aghi (un buon compromesso per chi ha paura delle punture!).

Alcuni medici praticano anche la *moxibustione*, che consiste nel bruciare la moxa (artemisia) sulla superficie del corpo per scopi terapeutici. Le erbe medicinali vengono fatte bruciare lentamente e vengono messe in coppette di vetro o di plastica che sono poi posate su varie parti del corpo. La combinazione delle erbe bruciate e il vuoto creato dalla coppetta agirebbe per stimolare alcuni punti energetici; risulta utile per i muscoli contratti ad esempio ma, nel caso, preparatevi ad avere dei bei lividi viola dove la coppa è stata applicata.

I farmaci a base di erbe sono molto utilizzati in tutta la Cina, e anche in Occidente potrebbe esservi capitato di vedere un negozio di medicine cinesi, caratterizzato da una serie di cassettini contenenti vari ingredienti misteriosi e costosi (appartenenti al mondo animale, vegetale e minerale) utilizzati per preparare le medicine tradizionali.

Fra le tecniche diagnostiche utilizzate dai medici tradizionali cinesi c'è l'auscultazione del polso del paziente; si ritiene che la velocità e la forza della pulsazione indichino lo stato di salute, oltre ad altri parametri collegati alla risposta nervosa del polso alla pressione del medico. Le medicine prescritte in genere sono formate da diverse sostanze che devono essere bollite assieme a lungo e che hanno sempre un sapore disgustoso.

Anche se accettano con serenità l'inevitabilità della morte, i cinesi danno grande importanza ai cibi, ai simboli e ai rituali che prolungano la vita. I simboli della longevità sono numerosi e comprendono il cervo (il dio della longevità è spesso raffigurato in groppa a un cervo), la tartaruga, la gru e una pesca perfettamente tonda, spesso rappresentata nell'arte popolare. Durante i cortei funebri spesso si usa l'immagine di una gru ad ali spiegate e con le zampe sollevate, poiché si ritiene che la gru trasporti il defunto in paradiso. In occasione del compleanno di qualcuno spesso si mangiano spaghetti e pasta simile a fettuccine perché i loro fili lunghi vengono considerati un simbolo di vita lunga.

I cinesi credono che molti alimenti abbiano proprietà medicinali: la zuppa di penne di pescecane, per esempio e drammaticamente per la pesca agli squali e per l'ambiente in generale, si crede protegga dal cancro, la zuppa di tigre protegge le ossa, il pene di tigre la prostata, aiuta virilità e fecondità. È facile intuire come alcune preparazioni tradizionali siano un problema per l'ambiente e gli animali in pericolo, oltre al fatto che esiste un mercato di prodotti tradizionali contraffatti.

Per quasi tutte le malattie esiste una lista di cibi speciali che il medico prescrive e i familiari danno all'ammalato per aiutarlo a guarire. Alcuni di essi possono sembrare piuttosto strani agli occidentali: per esempio, a volte si cura il mal di testa scaldando sul fuoco dello zenzero fresco e mettendone delle fettine sottili sulla fronte. Le cure tuttavia sembrano avere effetto sulle persone che ci credono e in Occidente sono oggetto di seri studi. È straordinario come i cinesi abbiano conservato la conoscenza della loro medicina tradizionale, mentre in Occidente la medicina tradizionale e l'erboristeria è andata quasi completamente perduta, quasi sicuramente l'aver vissuto l'influsso tecnologico occidentale e la modernità scientifica come effetto e non per uno sviluppo interno ha permesso di conservare queste tradizioni.

Qigong e arti marziali

Se uscite all'alba nelle strade di qualsiasi città cinese vedrete file e file di persone di mezza età e di anziani silenziosamente assorti nei loro esercizi mattutini di *qigong* e in qualche forma di *Taiji*, che consistono di una serie di movimenti simili a una danza lenta e complessa. Questa antica pratica per il controllo del respiro è una forma di meditazione in movimento e anche la base spirituale delle arti marziali cinesi.

Il *qi*, come abbiamo già visto, è la forza vitale; il *qigong*, letteralmente "lavoro/esercizio del *qi*", si basa su una serie di esercizi che uniscono il movimento, la respirazione e la rappresentazione mentale di immagini le quali servono a dirigere il flusso d'energia in tutto il corpo allo scopo di procurare benefici fisici e psicologici in chi lo pratica. Secondo la medicina tradizionale cinese il *qigong* è sia una ginnastica che mantiene in salute sia una vera e propria terapia; come già con i farmaci esistono metodi di *qigong* per ogni cosa: per rafforzare le articolazioni, per migliorare la respirazione, per mantenere mobile la schiena e in base all'applicazione e allo scopo, sono più o meno intensi e impegnativi. Gli esercizi fisico/mentali del *qigong* fanno sì che, se portati all'estremo, si vadano a eseguire esercizi di forza, il cosiddetto *qigong duro* (come la verticale sulle dita, lo stare appesi sostenuti da un panno sotto il mento o fare le capriole sul cranio) o veri e propri numeri da circo (piantare chiodi nel legno con le mani e altri esercizi resi famosi dagli spettacoli itineranti e dai film). Le opinioni sul valore terapeutico del *qigong* sono discordi in Cina quasi quanto lo sono in Occidente, ma è da tutti ritenuta una pratica salutare che aiuta a muoversi e stare meglio.

Alla ginnastica e alle pratiche respiratorie si collegano le arti marziali tradizionali cinesi, che hanno reso famosa la Cina e sono sicuramente uno degli aspetti che attraggono più curiosità in Occidente. Sono infatti molti coloro che si avvicinano alla cultura cinese praticando un'arte marziale cinese. Il nome comune per indicare le arti marziali è *gongfu* (o *kung fu*, secondo la vecchia trascrizione), mentre il termine *wushu* va a indicare la versione moderna, più ginnico-acrobatica e sportiva di questa tradizione. *Wushu* letteralmente significa proprio "arte marziale", mentre *gongfu* è un concetto che indica la padronanza raggiunta in una disciplina o arte attraverso assiduo impegno, allenamento e fatica. *Gongfu* è infatti composto da due caratteri: *gong* è lo stesso di *qigong* e indica "lavoro, attività, esercizio" mentre *fu* indica "l'uomo adulto, maturo"; messi assieme, indicano un'attività portata fino alla maturità, alla maestria.

Appare chiaro quindi che il nome più corretto sarebbe *wushu*, o almeno *gongfu wushu*, "maestria nelle arti marziali". Tuttavia, non esiste un'unica arte marziale, ulteriore motivo per questa confusione di termini tra cinesi e stranieri. Le arti marziali tradizionali cinesi si dividono in centinaia di stili differenti (alcuni dicono più di un migliaio) che si sono sviluppati nei diversi luoghi della Cina, spesso in piccoli centri di campagna dove gli abitanti di un determinato luogo imparavano le tecniche di autodifesa da soldati, mercenari, viaggiatori e monaci erranti, tutte categorie di persone che dovevano essere in grado di difendersi da soli viaggiando. I cinesi preferiscono il termine *quanfa* (*quan* è "pugno", quindi metodo e tecniche di pugilato, inteso come combattimento a mani nude), ecco quindi che i vari stili di combattimento hanno un nome seguito da *quan*: Taijiquan (è il pugilato dell'estrema polarità, cioè il simbolo di *yin e yang*), **Shaolin quan** (è il pugilato del tempio di Shaolin), **Bajiquan** (il pugilato delle otto polarità, cioè di tutte le direzioni del cosmo). I nomi sia dello stile sia delle tecniche hanno chiari rimandi filosofici alla cultura tradizionale cinese, in quanto oltre all'aspetto marziale, le varie scuole hanno incorporato metodi di ginnastica, rafforzamento, allungamento, respirazione e anche meditazione.

Se siete interessati a questo aspetto della cultura cinese, negli ultimi anni sono stati pubblicati moltissimi libri, prodotti moltissimi film e la rete è piena di contenuti anche interessanti. Tra i film più famosi ricordiamo *La Tigre e il Dragone* del regista Ang Lee, che racconta il mondo dei maestri di arti marziali erranti durante la dinastia Qing, *The Grandmaster* di Wong Kar Wai e numerosi altri. L'industria cinematografica di Hong Kong e Taiwan ha a lungo prosperato su queste pellicole a tema marziale.

In tutta la Cina sono inoltre fiorite infinite scuole e accademie che si propongono di insegnare le famose arti marziali cinesi, la zona attorno il tempio di Shaolin, nella provincia di Henan, è forse il luogo più famoso al mondo per la pratica delle arti marziali, nonché meta di un turismo sempre più marcato, dove un gran numero di ex allievi e istruttori del tempio ha aperto la propria accademia sperando di attirare sempre più turisti stranieri.

Inutile dire che nella maggior parte poco sopravvive delle pratiche davvero tradizionali, che esistono ma spesso restano custodite da maestri che conducono normali vite nelle città e praticano nei parchi cittadini all'alba.

Letteratura cinese

La produzione letteraria cinese è enorme e fin dall'antichità troviamo numerosissime opere a coprire ogni aspetto della vita.

I testi comuni classici vengono redatti e organizzati durante il periodo della dinastia Zhou (770-256 a.C.), anche se sicuramente risalgono a periodi più antichi. Tra i più famosi troviamo l'*Yijing*, cioè il "Libro dei mutamenti", il famoso testo di divinazione che ha avuto molto seguito anche in occidente.

Per quanto riguarda i classici confuciani il più famoso è sicuramente il *Lunyu* di Confucio, un libro di discorsi, dialoghi e aneddoti attribuiti al maestro.

Un altro classico cinese famoso in tutto il mondo è *L'arte della guerra* di Sun Tzu, un trattato di strategia militare e di diplomazia che ha guidato il pensiero militare e politico cinese nei secoli, ed è ancora oggi studiato nelle accademie militari.

Per quanto riguarda la storia il testo più importante è lo *Shiji*, il Classico della storia, di Sima Qian, scritto durante la dinastia Han, definito l'Erodoto cinese per il metodo e il carattere dell'opera, che sarà un classico per tutti gli storici cinesi successivi.

Il periodo d'oro della poesia classica cinese è riconosciuto nel VIII secolo d.C., durante la dinastia Tang, con i poeti Li Bai e Du Fu; da allora per chiunque abbia studiato la cultura cinese classica la dicitura "poesia Tang" è sinonimo di grande bellezza, suggestione poetica e ricercatezza.

Per quanto riguarda la produzione in prosa invece si parla dei "quattro grandi romanzi classici", comunemente riconosciuti come il punto più alto della prosa, tanto che i personaggi, le storie e le ambientazioni continuano a influenzare l'immaginario e la produzione culturale contemporanea. Tre dei romanzi nascono in epoca Ming: *Il romanzo dei Tre Regni* (1361), *I briganti* (1368) e *Il viaggio in Occidente* (1590), mentre *Il sogno della Camera Rossa* (1792) è di epoca Qing. Presi nell'insieme raccolgono la vastità di storie e spirito della cultura cinese.

Il Romanzo dei Tre Regni narra le vicende della Cina alla caduta della dinastia Han e alle lotte dei tre regni nati successivamente per la supremazia, concentrandosi sulle vicende di personaggi leggendari in tutta l'Asia orientale.

I Briganti, invece, è ambientato in epoca Song e raccoglie le storie di abili guerrieri e uomini d'armi che si danno alla macchia agendo da briganti per difendere il proprio onore o il popolo dai soprusi di funzionari corrotti. In questo romanzo si celebrano le virtù che gli uomini devono tutelare e preservare, anche a costo di ribellarsi, perchè il Cielo proteggerà gli uomini retti e virtuosi, infatti agli eroi verrà poi riconosciuto il merito delle loro azioni dalla corte imperiale.

Il viaggio in Occidente racconta delle vicende del potente, magico e dispettoso re delle scimmie, Sun Wukong, costretto a espiare le colpe delle sue marachelle accompagnando il monaco Xuanzang in India per portare in Cina i grandi scritti del buddhismo.

Il sogno della Camera Rossa è uno straordinario affresco della società cinese, che narra le vicende di una famiglia della ricca aristocrazia con i suoi infiniti intrecci amorosi e di relazioni con una grande moltitudine di personaggi.

Letteratura contemporanea

La letteratura contemporanea cinese è un vasto universo in continua esplorazione. In patria, numerosi sono gli autori, ma non tutti trovano traduzione ed esportazione. Tuttavia, l'offerta editoriale italiana è significativa, permettendo di conoscere sia autori dell'avanguardia post-Mao, come Mo Yan e Hong Feng, che autori delle nuove generazioni, come Yu Hua e Su Tong.

Uno degli autori più noti e rappresentativi, insignito del Premio Nobel nel 2012, è Mo Yan. Nel suo libro più importante, *Sorgo rosso*, l'azione si svolge durante il banditismo degli anni Venti, la cruenta invasione giapponese degli anni Trenta e Quaranta, e il periodo precedente alla Rivoluzione Culturale. Narra le avventure del bandito Yu Zhan'ao e della sua famiglia, dipingendo un affresco dell'intera nazione, con campi brulicanti di anime sperdute. *Le rane* è un'altra opera recente di Mo Yan che tratta il delicato tema del controllo delle nascite nella Cina rivoluzionaria.

Altri autori rilevanti includono Gao Xingjian, il primo scrittore cinese a ricevere il Nobel nel 2000. Il suo *La montagna dell'anima* offre un viaggio tra le montagne, le foreste e i villaggi del sudovest cinese, narrato alternando prima e seconda persona.

Su Tong è noto per *Lanterne rosse*, un romanzo che esplora la vita di una giovane sposa in una casa poligama nella Cina prerivoluzionaria, portato al successo anche dal film omonimo.

Tra le opere contemporanee, *Il settimo giorno* di Yu Hua, offre molte ragioni di interesse.

Ci sono anche scrittrici di spicco come Zhou Weihui con *Shanghai Baby*, ambientato nella Shanghai multirazziale degli anni Trenta.

Madeleine Thien, autrice cino-canadese, ha scritto un romanzo, *Non dite*, che racconta la storia cinese degli ultimi settant'anni attraverso le vicende di due famiglie.

Alec Ash, con *Lanterne in volo*, presenta la generazione che cambierà la Cina e il mondo, evidenziando le storie di giovani cinesi nati tra il 1985 e il 1990.

Anche autori come Ma Jian e Wang Ting-Kuo hanno scritto libri imperdibili, mentre la cino-malese Wei Wei affronta temi scottanti in *L'estate della svolta*.

La festa bianca di Lulu Wang offre uno sguardo sulla Cina degli anni Trenta durante l'occupazione giapponese.

La Storia della nostra scomparsa di Jing-Jing Lee segue le vicende di una donna nella Singapore degli anni Quaranta e le connessioni con la vita di un tredicenne della Singapore moderna.

Infine, *L'eterno addio* di Chen Qiufan è una raccolta di racconti che esplora diverse tematiche, dalla tecnologia alla fusione mentale con forme di vita sottomarine.

Inoltre, *Un tè con Mo Yan* di Marco Del Corona raccoglie interviste con i principali protagonisti della scena letteraria cinese contemporanea, fornendo uno sguardo approfondito sulla Cina di oggi e di ieri attraverso la lente della letteratura.

Tra gli altri romanzi interessanti, *Correndo attraverso Pechino* di Xu Zechen, *Pechino pieghevole* di Hao Jingfang, *Crescita* di Sheng Keyi.

Per ulteriori approfondimenti si consigliano i siti www.scaffalecinese.it e pennedoriente.wordpress.com

Italiani innamorati della Cina

Marco Polo

Tra i grandi italiani che hanno avuto contatti e fatto da "ponti" con la Cina, il più famoso è sicuramente l'esploratore veneziano Marco Polo. Nato a Venezia nel 1254, da una famiglia di mercanti, partì con il padre e lo zio alla volta della Cina nel 1271 attraverso tutto il continente asiatico, per giungere alla corte di Kubilai Khan, imperatore della dinastia Yuan e nipote di Genghis Khan. Marco annoterà i luoghi e le cose che vedrà nel suo viaggio verso la corte imperiale e anche ciò che vedrà nei successivi diciassette anni trascorsi come ambasciatore e diplomatico del Gran Khan, sotto le cui insegne visiterà paesi come la Birmania, il Tibet, l'India, il Vietnam e molti altri.

Tornato a Venezia verrà catturato dai genovesi in battaglia e imprigionato; sarà proprio durante la prigionia che il suo compagno di cella, metterà per iscritto l'opera che conosciamo come *Il Milione*. Liberato, tornerà definitvamente a Venezia dove morirà nel 1324.

Nonostante sia stata spesso messa in dubbio la veridicità dell'opera e del viaggio stesso, è oggi univocamente riconosciuto che Marco Polo abbia effettivamente visitato i luoghi di cui parla. La sua vita ed esperienza restano una preziosa testimonianza di un esploratore e viaggiatore medievale alla corte degli imperatori mongoli.

Matteo Ricci

Padre Matteo Ricci nato a Macerata nel 1552 e morto a Pechino nel 1610 fu gesuita e missionario, matematico, cartografo e sinologo *ante litteram*, e già questo basterebbe a rendere la levatura di questo straordinario personaggio.

Fin da giovane inizia gli studi presso l'ordine dei Gesuiti di cui entrerà a far parte e grazie ai quali approfondirà gli studi scientifici.

Sotto la guida dei suoi maestri, in particolare Alessandro Valignano, maturò il desiderio di dedicarsi all'attività missionaria e, attraverso il Portogallo e Goa, arriverà a Macao dove comincia a studiare il cinese e si dedica alla cartografia. La strategia dei Gesuiti propugnata da padre Valignano era "farsi cinese con i cinesi". Iniziarono operando vestiti da monaci buddhisti, ritenendo che fosse il profilo religioso a dare loro prestigio presso le autorità, come accadeva in Europa. Ma da un'amicizia con uno studioso confuciano, Matteo Ricci adottò gli abiti dello studioso con cui poté entrare in contatto con i circoli dei funzionari. Grazie a questo metodo immersivo, votato alla conoscenza della cultura altrui e a una evangelizzazione non aggressiva, venne fondato nel 1574 il Collegio, la prima università dell'Asia Orientale.

Per condurre al meglio la sua opera missionaria assunse un nome cinese, Li Madou, e avviò uno scambio di conoscenze con gli intellettuali cinesi, portando loro conoscenze matematiche, astronomiche e geometriche, tra cui la geometria euclidea e l'uso del sestante per la navigazione, inoltre mostrò un prodotto tipicamente europeo: l'orologio meccanico.

Grazie alla sua padronanza della lingua scrisse alcune delle prime opere sinologiche, tra cui un dizionario portoghese-cinese e il *Palazzo della memoria*, un trattato di mnemotecnica sulla memorizzazione dei caratteri cinesi.

Nel suo tentativo di evangelizzare la Cina presentò il Cristianesimo come il naturale sviluppo del Confucianesimo e riuscì a farsi ammettere alla corte imperiale e ottenere il permesso di residenza nella capitale, dove morì nel 1610, mentre si stava costruendo la prima chiesa pubblica di Pechino.

Oggi lo consideriamo un fondamentale e illustre esempio di un avvicinamento culturalmente aperto verso la Cina, dove ricercò l'evangelizzazione ma con genuino contatto umano e curiosità culturale, andando incontro all'altro.

Tiziano Terzani

Tiziano Terzani (1938-2004), giornalista, inviato speciale e instancabile viaggiatore nonché osservatore del mondo e dell'uomo, ha portato le cronache e le storie dell'Asia a moltissime persone grazie ai suoi articoli e ai suoi libri.

Affascinato dall'Asia e dalla sua cultura, dalle lotte ed evoluzioni politico-sociali che si consumavano nella seconda metà del XX secolo, nel 1972 ci si trasferì, e riuscì a stabilirsi a Pechino grazie alle prime aperture politiche del 1980.

Anche se il Maoismo era finito, la Cina era ancora estremamente diffidente con i giornalisti occidentali, ma Terzani cercò di sfruttare ogni occasione per girare senza controllo e scoprire i cinesi: la loro realtà quotidiana, il loro vissuto, le aspirazioni e ciò che rimaneva della loro millenaria cultura. Tiziano girò per le campagne e percorse il paese in treno e in bicicletta, cercando proprio ciò che le autorità volevano evitare: il suo contatto diretto con le persone. Proprio il suo atteggiamento curioso e anarchico lo porterà a essere arrestato ed espulso nel 1984.

L'attività giornalistica di Tiziano Terzani in Cina, oltre che negli articoli che scriveva soprattutto per il settimanale tedesco "Der Spiegel", darà corpo al libro *La Porta Proibita* (1984) in cui raccoglie cosa ha trovato e cosa invece lo ha profondamente deluso della Cina comunista: il rifiuto della cultura tradizionale, la soppressione di molte libertà e la censura in nome del fantomatico "ideale socialista".

Terzani rappresenta sicuramente un grande esempio di italiano che ha guardato al mondo, all'Asia e alla Cina con curiosità, profonda umanità e grande conoscenza; i suoi scritti sono sicuramente un validissimo strumento per conoscere e approcciarsi al mondo cinese.

Cinema, letteratura, musica, arte

L'Opera di Pechino

Un intrattenimento tipicamente cinese è l'Opera di Pechino, una forma di teatro tradizionale molto rinomata da circa 150 anni, che comprende numeri acrobatici, di scherma e di boxe, come pure musica e canti. La musica può sembrare stridente e discordante all'orecchio degli occidentali, ma nel suo complesso è uno spettacolo che vale la pena vedere. Gli attori indossano costumi elaborati e hanno un trucco colorato e stilizzato. Il pubblico è interessante quasi quanto i personaggi sul palco. Quasi tutti conosceranno l'opera a memoria e probabilmente anche la musica: questo significa che si sentiranno liberi di alzarsi e passeggiare durante lo spettacolo, di parlare forte con i loro amici, di comprare e mangiare uno spuntino e di comportarsi in generale in un modo piuttosto diverso rispetto al silenzioso e immobile pubblico degli spettacoli teatrali che si svolgono in Occidente.

Cinema

Nei cinema si proiettano film cinesi e stranieri e i prezzi dei biglietti sono bassi. I registi del nuovo cinema cinese, quali Chen Kai Ge e Zhang Yimou, Wong Karwai, Ang Lee, hanno vinto premi e sono stati elogiati per film come *Terra gialla* e *Lanterne rosse,* ma nel loro paese i loro film lenti e artistici, magnificamente girati nella campagna cinese e con un messaggio sociale sottilmente critico, sono molto meno famosi che all'estero. Nei primi anni Duemila, attraverso un rinnovato stilistico hanno visto grande successo internazionale i film sulle arti marziali come *La Tigre e il Dragone, Hero,* e più recentemente *The Grandmaster*; genere nato inizialmente a Hong Kong e reso celebre in particolare da Bruce Lee è spesso stato un settore di successo ma di nicchia, riservato ad appassionati, invece questo nuovo genere, più poetico e con molti riferimenti alla cultura tradizionale ha superato i confini precedenti diventando un vero e proprio fenomeno di culto.

Intrattenimento culturale e divertimenti
Le grandi città non offrono solo balletto, teatro e concerti di musica classica (con biglietti che costano molto poco se paragonati a quelli per eventi simili in Occidente), ma anche mostre d'arte e numerosi incontri sportivi. Oggi in Cina si trovano numerose pubblicazioni in inglese per promuovere gli eventi in corso e di futura programmazione. Fuori delle grandi città i divertimenti sono naturalmente molto più limitati.

I pranzi e le cene solenni sono una costante per chi viene in Cina per affari e per qualsiasi persona a cui i cinesi vogliono dare il benvenuto: studenti, diplomatici, autori cinematografici, docenti universitari o cinesi d'oltremare che tornano in patria. I cinesi potrebbero aspettarsi la restituzione dell'invito, ma potrebbe essere più appropriato farlo nel vostro paese se chi vi ha ospitato ha in programma di visitarlo.

Feste tradizionali e festività nazionali
Nessuna trattazione della cultura cinese sarebbe completa senza nominare le numerose e particolari festività. Anche se alcune sono legate alla religione, noterete come le feste sono più manifestazione di un sentimento di "cinesità" più che il legame a uno specifico culto.

Il tradizionale calendario lunare cinese contemplava numerose feste, molte delle quali sono ancora oggi celebrate da tutti i cinesi. La prima e più importante delle feste tradizionali è conosciuta in Occidente come Capodanno cinese, poiché segnava appunto l'inizio del nuovo anno, ma il nome corretto sarebbe Festa di Primavera. Avendo la Repubblica Popolare adottato il calendario gregoriano alcune feste cinesi sono mobili nel corso dell'anno.

Il Capodanno cinese

Il **Capodanno cinese** o più correttamente Festa di Primavera (*Chunjie*), da sempre la festa in cui le famiglie si riuniscono, si celebra all'inizio del nuovo anno secondo il calendario lunare tradizionale; il nuovo anno si calcola dalla seconda luna nuova dopo il solstizio di inverno (21 dicembre), quindi il capodanno sarà compreso tra il 21 gennaio e il 19 febbraio, variando appunto ogni anno, Dal capodanno le festività durano due settimane concludendosi con l'emozionante Festa delle Lanterne (*Yuanxiaojie*). Data la forte tradizione agricola della Cina, l'inizio del nuovo anno coincideva con una pausa nel lavoro dei campi, in cui si celebrava la fine dell'inverno e l'inizio delle attività agricole della primavera. Il mito all'origine della festa narra che un mostro chiamato *Nian* (che è "anno" in cinese) ogni 12 mesi lasciasse la sua tana per nutrirsi di esseri umani, l'unico modo per salvarsi era spaventare il Nian con rumori forti e colori accesi. Per questo motivo si festeggia l'arrivo del nuovo anno con fuochi d'artificio e festoni colorati.

L'atmosfera è molto festosa; le persone indossano vestiti nuovi e a ogni ora del giorno e della notte vengono fatti esplodere petardi rumorosissimi. Secondo la tradizione i botti, oltre al grande *Nian*, faranno scappare per lo spavento qualsiasi spirito malvagio che si trovi nei paraggi e servono anche per accogliere l'anno nuovo. Nelle città tuttavia l'uso dei petardi è stato recentemente limitato. Sono previsti anche molti festeggiamenti e banchetti.

In occasione di questa festa le famiglie preparano centinaia di *jiaozi* (ravioli ripieni che si ritiene abbiano la forma di lingotti d'oro e di conseguenza portino fortuna), come in ogni festa si celebra con piatti di carne e anche il *niangao*, il dolce di riso glutinoso tipico del Capodanno. I componenti più giovani delle famiglia rendono omaggio ai membri anziani (e nelle case più tradizionali anche agli antenati) e ai bambini vengono donate piccole buste rosse contenenti denaro. I parenti e gli amici si scambiano numerose visite e le case vengono decorate con le immagini tipiche del capodanno e con distici augurali scritti su carta rossa (in Cina il rosso è il colore della fortuna). In molti posti questa è anche l'occasione per vedere la Danza del Leone e per giocare d'azzardo tutta la notte, e la tradizione vuole che sia il periodo in cui vengono pagati i debiti, per iniziare da zero con il nuovo anno.

Secondo l'astrologia cinese ogni anno è dedicato a uno dei dodici animali dell'oroscopo cinese. Ogni cinese sa a quale animale "appartiene", vale a dire a quale animale è associato l'anno in cui è nato. L'ordine in cui il ciclo di dodici anni si ripete è il seguente: topo, bue, tigre, lepre, drago, serpente, cavallo, pecora (o capra), scimmia, gallo, cane e maiale. In base a questo sistema ogni animale ritorna ogni 12 anni. Gli animali dell'oroscopo cinese sono associati a determinate caratteristiche, così come lo sono i diversi segni dello zodiaco occidentale, con vari segni concordi e in opposizione. Per esempio a distanza di sei anni, ogni animale ha il suo opposto, il segno con cui le caratteristiche sono meno concordi, mentre a distanza di quattro e otto anni, troviamo la maggior concordia. Quindi per esempio la tigre (segno energico, forte e un po' autoritario) ha nella scimmia (astuta, imprevedibile, dispettosa e irriverente) il suo nemico e nel cavallo e nel cane due segni dalle caratteristiche apprezzate.

Qingmingjie. La festa dei defunti

La festa Qing Ming, letteralmente "Festa della Pura Luce", si svolge al quindicesimo giorno dopo l'equinozio di primavera, quindi è sempre all'inizio di aprile. La festa Qing Ming è la cerimonia tradizionale collegata celebrazione dei defunti, alla cura delle tombe e al ricordo degli antenati. Le famiglie si recano in visita alle tombe dei loro antenati, le puliscono e fanno offerte a base di carne, pesce, frutta e liquori; poi fanno un picnic seduti vicino alle tombe stesse. Quest'usanza, che può apparire strana, riflette in realtà l'esigenza tipica della cultura cinese di creare e mantenere un legame tra tutti i membri della famiglia in modo armonioso, sia viventi sia trapassati; facendo visita agli antenati, la famiglia si riconosce nella comune discendenza e li onora come fossero ancora presenti.

Molte famiglie avevano dei padiglioni degli antenati dove venivano custodite le tavolette con i nomi dei loro antenati di sesso maschile, proprio per indicare la discendenza ininterrotta, purtroppo migliaia di questi posti furono distrutti dalle Guardie Rosse negli scorsi anni Sessanta, viste come retaggio della Cina feudale e di un mondo precomunista e ingiusto. Da queste tavolette le famiglie possono risalire ai loro antenati per parecchie centinaia di anni o anche più.

Nella città di Qufu, dove nacque Confucio, quasi tutti sembrano portare il cognome del grande saggio, vale a dire Kong, e possono quindi rintracciare i componenti delle loro famiglie a partire dal 500 a.C. circa.

Duanwujie (Duanyangjie). La festa delle barche del drago

La *Festa della Barca del Drago* (*Duan Yangjie* o *Duan Wujie*) si svolge il quinto giorno del quinto mese del calendario lunare, in un periodo compreso tra la fine di maggio e la fine di giugno. Si tratta di una festa molto antica le cui origini si sono perse nel tempo, la quale ha probabilmente incorporato più feste tradizionali: festa del solstizio d'estate, festa del raccolto per il grano invernale, ma oggi la versione più conosciuta e ricordata è l'associazione con Qu Yuan, celebre poeta e ministro fedele dell'antico stato di Chu (nella Cina del sud) che si suicidò nel III secolo a.C. gettandosi in un fiume del luogo, quando scoprì che il suo amato regno aveva perso la propria indipendenza sconfitto dallo stato di Qin. La gente del luogo, conoscendolo come uomo buono e giusto, si precipitò con le barche per salvarlo, ma non riuscendoci fece di tutto per spaventare i pesci con i remi, battendo forte con i tamburi e gettando del cibo affinché non mangiassero il corpo di Qu Yuan.

Le celebrazioni sono scandite dal ritmo di tamburi, le lunghe e sottili "barche del drago" si gettano in competizioni lungo i fiumi per ricordare il tentativo di salvare Qu Yuan. Vengono inoltre preparati dei fagottini di riso glutinoso (*zongzi*) avvolti in foglie di bambù simili a quelli che, all'epoca del suicidio di Qu Yuan, la gente impietosita avrebbe gettato nel fiume perché i pesci (o, secondo alcune versioni, il drago) se ne saziassero lasciando in pace il corpo del poeta.

È più facile vedere questa festa nella Cina meridionale e a Hong Kong, dove, come è già stato ricordato in precedenza, la gente ha maggiormente conservato le tradizioni antiche.

Zhong Quijie. La festa di metà autunno

La *Festa di Metà Autunno*, o *Festa della Luna*, cade il quindicesimo giorno dell'ottavo mese lunare, quindi tra metà settembre e inizio ottobre, nel periodo dell'anno in cui la luna si suppone sia più luminosa e piena, vicino all'equinozio di autunno. È anche un equivalente della festa di ringraziamento per il raccolto dell'Occidente e celebra la leggenda di Houyi e Chang-E, la dea della Luna.

Secondo la leggenda Houyi e Chang-E erano due creature celesti costrette sulla terra dalla gelosia degli altri cortigiani del cielo. Houyi divenne un arciere e un cacciatore per vivere da mortale, e su preghiera dell'imperatore Yao, quando i dieci uccelli del sole volarono attraverso la terra tutti insieme, anziché uno per volta come loro dovere, Houyi ne abbatté nove per impedire che il mondo andasse a fuoco. Come ringraziamento l'imperatore donò a Houyi una perla che regalava l'immortalità, che doveva essere mangiata a distanza di un anno.

Un giorno Chang-E trovò la perla nascosta in casa e non sapendo nulla la mangiò, la perla allora la trasportò volando sulla Luna, da cui non può più scendere e inutili furono i tentativi di Houyi di raggiungere la moglie. Grazie alle sue abilità Houyi si costruì una casa sul sole per stare in cielo insieme alla moglie e, una volta l'anno, i due si incrociano nella Festa di Mezzo Autunno, e in questa notte la luna è luminosa e splendente. Anche un altro tradizionale abitante della Luna, Yue Lao, una divinità che combina i matrimoni, viene chiamato in causa, poiché si ritiene che in occasione di questa festa unisca le coppie con un filo invisibile di seta rossa.

Come la Festa di Primavera, anche questa è un'occasione in cui le famiglie si riuniscono, sedendosi attorno a un tavolo rotondo per simbolizzare la continuità. Durante questa festa spesso vengono cantante canzoni tradizionali e sono messe in mostra lanterne variopinte, ma le persone si incontrano soprattutto per ammirare la luna e per mangiare gli *yuebing* o "dolci della luna". Questi ultimi sono dei dolci tondi che possono essere farciti con una grande varietà di ingredienti come crema di semi di loto, frutta, noci, prosciutto o tuorli d'uovo. I ripieni variano a seconda delle diverse zone della Cina. Molti stranieri ritengono che gli *yuebing* non siano abbastanza dolci, ma sono comunque molto belli e ottimi per fare dei regali.

Festività nazionali (Calendario solare)

Capodanno
Festa di Primavera (anno nuovo lunare) i giorni festivi sono 3, in un periodo compreso tra 21 gennaio e il 19 febbraio

Festa delle Donne	8 marzo
Festa dei Lavoratori	1° maggio
Festa della Gioventù cinese	4 maggio
Festa internazionale dei Bambini	1° giugno
Festa degli Insegnanti	10 settembre
Festa della Repubblica	1° ottobre (due giorni)

Festività tradizionali (Calendario lunare)

Chun Jie
Capodanno cinese/Festa di Primavera Coincide con la luna nuova di fine gennaio/inizio febbraio

Yuan Xiao Jie
Festa delle Lanterne
La prima luna piena dopo la Festa di Primavera

Qing Ming Jie
Festa della Pura Luce
Terzo giorno del terzo mese lunare

Duan Wu Jie
Festa della Barca del Drago
Quinto giorno del quinto mese lunare

Zhong Qiu Jie
Festa di Metà Autunno
Quindicesimo giorno dell'ottavo mese lunare

Festività ufficiali della Repubblica Popolare Cinese
Oltre al 1° maggio o Festa dei Lavoratori, ci sono la Festa della Gioventù cinese, celebrata il 4 maggio, la Festa delle Forze Armate, festeggiata il 1° agosto, e la Festa della Repubblica, che cade il 1° ottobre. Queste feste non offrono attrazioni interessanti per i turisti stranieri.

Le tradizionali sfilate in stile sovietico lungo le strade di Pechino con carri armati e cannoni sono cessate; le persone invece ne approfittano per fare qualche giorno di vacanza e vengono incoraggiate ad andare fuori e a spendere denaro nei negozi, in apparenza con grande successo a giudicare dagli assembramenti di gente. Se programmate un viaggio turistico in Cina attenzione ai giorni festivi, come è noto i cinesi sono moltissimi, e nelle località turistiche si creano assembramenti immensi di persone, quindi rischiate di trovarvi in una folla compatta senza riuscire a vedere alcunché. Invece, se dovete recarvi in Cina per lavoro, evitate di andarci in occasione della Festa della Repubblica o nel periodo del Capodanno cinese perché avrete difficoltà a trovare gli uffici aperti, più o meno come succede in Occidente durante le festività natalizie. Il 25 dicembre in Cina è un normale giorno lavorativo, ma la festa è stata adottata nelle grandi città, dove viene celebrata in stile cinese con Babbo Natale e gli acquisti come unici protagonisti.

L'oroscopo cinese: di che segno sei?

L'astrologia cinese prende i concetti filosofici tradizionali come *yin* e *yang*, e i cinque elementi. La versione più nota dello zodiaco cinese è quella basata sul ciclo dei dodici animali: in questo è simile a quello occidentale ma le somiglianze finiscono qui poiché in Cina ogni segno corrisponde a un anno del calendario lunare, per cui i nati in quell'anno saranno tutti dello stesso segno.

Seguendo però il calendario lunare, con il capodanno tra fine gennaio e inizio febbraio i nati di gennaio avranno lo stesso segno dei nati l'anno precedente. I dodici animali dello zodiaco sono: Topo, Bufalo, Tigre, Coniglio, Drago, Serpente, Cavallo, Capra, Scimmia, Gallo, Cane e Maiale (a febbraio 2024 si è aperto l'anno del Drago).

In merito ci sono due leggende, la prima vuole che il Buddha sentendo avvicinarsi la fine della sua vita sulla terra convocasse gli animali e i primi dodici che arrivano a rendergli omaggio furono ripagati con la dedica di un anno del ciclo lunare a ciascuno di loro. L'ultimo ad arrivare fu il maiale, che riuscì così a rientrare nel numero. Per questo motivo i bambini nati nell'anno del Maiale sono considerati fortunati.

Un'altra leggenda, più tradizionalmente cinese poiché non coinvolge il Buddha, vede l'Imperatore di Giada scendere sulla terra e scegliere dodici animali per mostrarli alle altre divinità, questi dodici andranno a comporre lo zodiaco.

Come si nota alcuni sono animali domestici tipici della Cina rurale, altri sono bestie selvatiche ma fortemente simboliche (come la tigre ad esempio) e il drago, animale fantastico ma culturalmente centrale nella cultura cinese.

Come anche in Occidente ogni segno ha le sue proprie caratteristiche, i suoi limiti e le sue debolezze e tra loro ci sono affinità e opposizione. Nello zodiaco cinese un segno vede il suo opposto, la sua nemesi se vogliamo, a sei segni di distanza, e sarà questo il segno con le caratteristiche opposte mentre a distanza di quattro e otto i segni complementari.

Insieme agli animali dello zodiaco anche i cinque elementi si alternano andando a costituire un ciclo di sessanta anni e, quindi, lo stesso segno può avere un elemento diverso che a dare diverse caratteristiche e attitudini al segno di quel determinato anno.

5. Affari in Cina

L'ingresso della Cina nella WTO

L'ingresso della Cina nell'Organizzazione Mondiale del Commercio (*World Trade Organization, WTO*) è stato un evento molto significativo nella lunga storia del paese. La WTO è l'unica organizzazione globale che si occupa delle regole del commercio fra nazioni: è un'istituzione che permette agli oltre 160 Stati che ne fanno parte di negoziare le relazioni e le condizioni commerciali. Alla base ci sono gli accordi della WTO, negoziati e siglati dalla maggior parte degli stati che commerciano del mondo e ratificati dai loro parlamenti.

La WTO ha come scopo quello di ridurre le barriere doganali fra gli stati che ne fanno parte. Per fare questo, uno stato membro deve trattare le merci e gli investimenti che provengono dagli altri stati della WTO alla stessa stregua dei propri, e i diritti goduti da uno degli stati membri devono essere estesi a tutti gli altri.

La Cina è entrata a far parte della WTO per poter usufruire dei numerosi diritti goduti dagli altri stati membri e per avere voce in capitolo sulle questioni legate al commercio internazionale. Quello che accadde nel breve termine fu una certa sofferenza delle aziende più inefficienti, compensata però nel lungo termine, da un enorme aumento della produttività, delle esportazioni come pure dell'afflusso di capitale straniero e dei trasferimenti di tecnologia e di competenze. Il punto di vista ufficiale fu espresso nel 2001 dall'ex presidente della Cina Jiang Zemin, che pronunciò un discorso in cui chiarì che entrare a far parte della WTO "è una decisione strategica presa dal governo cinese in virtù della globalizzazione economica ed è in linea con la politica di riforme e di apertura della Cina e con l'obiettivo di costruire un sistema economico di mercato socialista. Gli sforzi fatti dalla Cina per l'ingresso nella WTO hanno accelerato enormemente il processo di riforma e di apertura del paese".

La cultura degli affari

Se prima il desiderio di fare affari con gli stranieri era così forte che le aziende cinesi si adeguavano a ogni richiesta, oggi non è più così; maggiormente consapevoli del proprio ruolo e meno bisognosi oggi i cinesi trattano perfettamente alla pari, se non da una posizione di forza. Le cose procederanno secondo il ritmo voluto dai cinesi: per un semplice ordine di fornitura l'iter sarà abbastanza facile, mentre per importanti accordi commerciali il ritmo cinese impone una certa lentezza per darsi il tempo di conoscersi - un'ulteriore prova della forza dei *guanxi*. I cinesi che trattano con gli stranieri sono molto consapevoli dell'attrazione esercitata dalla Cina sui potenziali soci in affari, ma hanno anche un'ottima conoscenza della tecnologia, del sistema internazionale di determinazione dei prezzi e del mercato mondiale. Per cui l'atteggiamento di superiorità degli stranieri verso la Cina tipico degli anni Novanta e dei primi anni Duemila è radicalmente cambiato.

Biglietti da visita

Quando partecipate a una riunione di lavoro, la prima azione sarà lo scambio dei biglietti da visita. Quando qualcuno vi porge il suo biglietto da visita ricordatevi di prenderlo con entrambe le mani e di leggerlo, non dargli solo un'occhiata e poi metterlo via. Potrebbe essere utile tenere i biglietti sul tavolo di fronte a voi, così vi ricorderete il nome e i titoli della controparte cinese. Mostrare poco interesse nel biglietto da visita viene percepito come scarso interesse per l'interlocutore.

Le donne nel mondo degli affari

Le donne d'affari che visitano la Cina non si sentiranno mai a disagio solo perché appartengono al sesso femminile. Anche se in Cina esiste una certa disparità nel numero di uomini e di donne in tutti i lavori e a ogni livello, in teoria ci sono pari opportunità per entrambi i sessi e i cinesi sono felici di trattare, per affari o per turismo, sia con gli uomini sia con le donne.

Le donne che visitano spesso la RPC sostengono di essere ben accette dalle loro controparti cinesi di sesso maschile e che non è considerato strano se contraccambiano i brindisi, per esempio durante i pranzi o le cene di lavoro.

Anche se gran parte dei ricevimenti di lavoro si svolge nei ristoranti, non è abitudine invitare anche i rispettivi consorti. Se vostro marito o vostra moglie vi accompagnerà in Cina, dovrà aspettarsi di doversi divertire da solo (o da sola) nelle serate in cui ci sono delle cene di lavoro o altri eventi simili, a meno che non riceva un invito specifico.

La riunione d'affari in Occidente e in Cina: un piccolo vademecum essenziale

Qui di seguito troverete un riassunto delle diverse aspettative dettate da ragioni culturali che le rispettive parti ripongono nel rapporto d'affari.

È usanza di alcuni occidentali (inglesi e americani, per esempio) usare il nome proprio sin dal primo incontro. Altri, tra cui gli italiani, rimangono all'interno di un registro più formale. Allo stesso modo si comportano i cinesi, che usano titoli come "signore/signora", "sindaco", "professore", ecc.

Se in occidente si è soliti interrompere la persona che parla per esporre il proprio punto di vista e i colleghi sono pronti a rispondere al linguaggio del corpo della persona che vuole interrompere, in Cina interrompere è un gesto scortese. Loro però in compenso fanno conversazioni interminabili al cellulare e il personale dell'azienda spesso entra durante le riunioni per sussurrare qualcosa ai dirigenti mentre qualcun altro sta parlando.

Gli occidentali in genere preparano le presentazioni, riassumono quello che è stato detto e ritengono che sia normale chiedere spiegazioni se non capiscono qualcosa; la colpa della mancanza di chiarezza viene infatti attribuita alla persona che parla. Per i cinesi, al contrario, essere capiti non è una priorità, forse perché a scuola sono abituati ad ascoltare l'insegnante in silenzio. Dire "Non ho capito", può causare la perdita della faccia.

Le persone occidentali si aspettano di discutere e si divertono a farlo. Non è scortese essere polemici. Questo è spesso un modo per essere notati e per interagire. I cinesi possono essere molto polemici, ma raramente lo saranno di fronte a uno straniero, anche quando lo conoscono e ne hanno fiducia.

L'attenzione degli occidentali è breve e con tendenza a diminuire sempre più. È diffusa infatti convinzione che le persone si annoieranno e di conseguenza si cerca di arrivare al nocciolo della questione molto rapidamente. I cinesi, invece, sono educati sin dall'infanzia ad ascoltare in modo educato e con pazienza. Non arrivano al dunque velocemente; farlo sarebbe considerato maleducato. Potrebbe capitarvi di non sentire l'informazione che vi interessa fino a quando la riunione non è quasi finita.

In occidente il contatto diretto con gli occhi mette a disagio le persone. Se invece è troppo poco saranno diffidenti. I cinesi, al contrario, mantengono il contatto visivo con l'interlocutore. Le persone che non guardano gli altri negli occhi non sono ritenute degne di fiducia.

Per gli occidentali la gentilezza e l'elogio sono importanti, ma chi esagera viene considerato un adulatore. In Cina, invece, l'adulazione fa parte della negoziazione. Viene fatta elogiando le persone di fronte ai loro pari ed esprimendo deferenza verso i superiori.

L'autocritica in alcuni paesi occidentali è molto diffusa, in altri meno; in Cina le persone raramente fanno autocritica, mai criticheranno la loro azienda o la Cina.

In Occidente gli ordini e le istruzioni, anche se impartiti in modo cordiale, sono diretti e possono essere discussi. In Cina gli ordini sono impartiti in modo più indiretto, ma è pretesa la sottomissione. Le istruzioni possono essere vaghe (questa è un'ancora di salvezza), ma sono date con autorità.

6. I cinesi

I cinesi Han e le minoranze etniche

Uguri

Circa il 90% della popolazione della Cina appartiene all'etnia Han o cinese, come viene chiamata in Occidente, ma ci sono altri 55 gruppi etnici ufficialmente riconosciuti dallo Stato. La maggior parte delle minoranze etniche in genere vivono nelle zone periferiche del nord-ovest e del sud-ovest della Cina e tendono a essere stanziali piuttosto che a muoversi e integrarsi con gli altri gruppi etnici. Ogni minoranza conserva proprie tradizioni, lingua, abiti e religione, nonostante alcuni gruppi siano molto più integrati di altri e vivano a stretto contatto con gli Han da generazioni. Molte minoranze fra quelle che vivono ai confini con il Pakistan, l'Afghanistan, l'India e la Russia sono di religione musulmana. I tibetani, i mongoli, i Loba, i Moinba, i Tus sono invece di religione lamaista, mentre fra i Miao, gli Yao e gli Yi ci sono molti cristiani.

L'atteggiamento ufficiale del governo di Pechino verso queste tradizioni diverse è un insieme complesso di tolleranza e controllo. Se le minoranze sono integrate e non creano problemi a livello politico e sociale sono incluse nel processo politico-sociale, purché non emerga mai il germe dell'indipendenza politica. Le minoranze etniche sono dispensate dall'obbligo del figlio unico, ma l'antica convinzione cinese della superiorità della cultura Han è sempre presente e in alcune regioni con una cultura spiccatamente diversa come il Tibet o il Xinjiang il conflitto sociale è ancora oggi molto forte.

Il cinese mandarino viene promosso in tutto il paese come lingua parlata ufficiale e tutti i gruppi etnici sono obbligati a impararlo per interagire con la burocrazia. Il governo tuttavia ha anche contribuito alla creazione dei linguaggi scritti di dieci minoranze etniche, quali gli Zhuang, i Bouyei, i Miao, i Dong, gli Hani e i Li, che prima del 1979 avevano solo una lingua parlata.

Anche se le minoranze etniche rappresentano una parte relativamente piccola della popolazione totale della Cina, hanno un'importanza geopolitica di gran lunga superiore al loro numero, poiché occupano territori situati in posizioni strategiche, lungo le frontiere scarsamente popolate e più penetrabili del paese. In passato infatti la crisi politiche cinesi si sono sempre accompagnate a una perdita di controllo sulle aree periferiche.

Dal 2014, la Repubblica Popolare Cinese ha implementato una politica che ha condotto oltre un milione di musulmani, principalmente uiguri, a essere detenuti nei cosiddetti campi di rieducazione, senza seguire alcun procedimento legale. Questa azione è stata considerata da alcuni come la più grande detenzione di minoranze etniche e religiose dall'epoca della seconda guerra mondiale. I critici di tali politiche hanno definito questo fenomeno come la "sinizzazione dello Xinjiang" e l'hanno descritto come un etnocidio o un genocidio culturale.

Numerosi organismi, tra cui i parlamenti degli Stati Uniti, del Canada, del Regno Unito, dei Paesi Bassi, della Repubblica Ceca, del Belgio, della Lituania, vari attivisti, organizzazioni non governative indipendenti, esperti dei diritti umani, accademici, funzionari governativi e persino il governo in esilio del Turkestan orientale, hanno riconosciuto ufficialmente questi eventi come un genocidio.

Le criticità evidenziate includono la concentrazione di uiguri nei campi di rieducazione sponsorizzati dallo Stato, con una stima di 1-3 milioni di persone su un totale di circa 11 milioni di uiguri in Cina. Altre preoccupazioni riguardano la repressione delle pratiche religiose e culturali uigure, l'indottrinamento politico, i gravi maltrattamenti e le segnalazioni di violazioni dei diritti umani, compresa la sterilizzazione forzata e la contraccezione, che alcuni media hanno definito come un "genocidio demografico" a causa del drastico calo del tasso di natalità nelle aree con una significativa popolazione uigura.

Nonostante ciò, il governo cinese ha negato le accuse di sterilizzazione forzata e genocidio, affermando che il calo del tasso di natalità è dovuto a cause naturali. Alcune fonti che denunciano il "genocidio uiguro" sono state criticate da gruppi affiliati alla Cina, e persino l'impiego del termine "genocidio" è stato oggetto di critica da parte di alcune voci, come The Economist.

A livello internazionale, 39 Stati membri delle Nazioni Unite, tra cui l'Italia, hanno condannato le politiche cinesi nello Xinjiang, mentre 45 (inizialmente 54) le hanno sostenute. Nel corso del 2020, diversi gruppi per i diritti umani hanno richiesto un'indagine sulla Cina per crimini contro l'umanità e genocidio presso la Corte penale internazionale e il Consiglio per i diritti umani delle Nazioni Unite. Tuttavia, nel dicembre 2020, la Corte penale internazionale ha respinto la richiesta di azione investigativa contro la Cina, sostenendo di non avere giurisdizione per la maggior parte dei crimini in quanto la Cina non è un membro della Corte.

Cittadini del Regno di Mezzo

Nonostante le tumultuose trasformazioni affrontate nel corso del Novecento, i cittadini cinesi mantengono una salda consapevolezza della propria identità, nutrendo giustificato orgoglio per la loro ricca eredità culturale e per i rapidi progressi economici. Tuttavia, l'arroganza di un'epoca passata ha ceduto il passo a un entusiasmo palpabile per le opportunità offerte dal rinnovato ruolo del paese. Emerge, tuttavia, un crescente nazionalismo che potrebbe rapidamente rivolgersi contro gli stranieri, evocando tracce di periodi tumultuosi intrisi d'odio.

La critica della politica cinese in pubblico è severamente limitata in qualsiasi ambito, e qualsiasi osservazione rischia di essere interpretata come interferenza o accusa, specialmente quando connessa alle numerose dispute territoriali della Cina, che vanno dagli scontri con l'India sull'Himalaya alle questioni sulle acque internazionali nel Mar Cinese Meridionale o alle tensioni con il Giappone sulle isole Senkaku.

In molte nazioni della regione asiatica del Pacifico, si è discusso ampiamente della peculiarità degli europei. I cinesi li dipingono come spettri o individui eccessivamente pelosi. Fino a pochi anni fa, l'espressione "yang guize" o "diavolo straniero" era frequente tra coloro che visitavano la Cina, sottolineando la carnagione chiara e la quantità insolita di peli degli stranieri, associata a una presunta malvagità. A Hong Kong, i residenti occidentali si sono abituati a essere chiamati affettuosamente "gweilos", la versione cantonese di "diavoli stranieri", utilizzando il termine anche tra di loro.

Riconoscendo la propria estraneità, i cinesi solitamente scusano comportamenti che non rispecchiano le loro consuetudini. È sempre consigliabile osservare attentamente le azioni dei cinesi in determinate situazioni sociali o lavorative e cercare di adeguarsi.

In generale, in tutta l'Asia sud-orientale, gli occidentali sono considerati istruiti e benestanti, ma quelli trasandati sono etichettati come "hippy". Si presume siano puntuali e onesti, sebbene talvolta distanti e ostili. Gli americani e gli europei sono percepiti come meno orientati alla famiglia, e i loro costumi sessuali spesso giudicati permissivi.

Nelle remote zone rurali, molte persone potrebbero non aver mai avuto contatti con stranieri "veri", nonostante li abbiano forse visti in televisione, dato che molti film stranieri vengono trasmessi (spesso in maniera pirata). Gli individui di origine africana suscitano particolare curiosità. Alcuni stranieri che hanno visitato le aree più isolate riferiscono che, anche cercando di parlare cinese, vengono spesso fraintesi a causa dell'aspetto "strano" delle loro facce che emettono suoni.

Nelle città, gli stranieri sono in gran parte trascurati, essendo numerosi, ma in luoghi più remoti o su treni e aerei, vengono trattati con cortesia e diventano oggetto di estremo interesse e divertimento. Molte persone cinesi, incontrando un viaggiatore straniero, si assumono personalmente la responsabilità per la sua sicurezza e felicità durante il soggiorno in Cina. Viaggiare in treno è probabile che rappresenti uno dei momenti più piacevoli e conviviali nell'esperienza di chi visita la Cina.

I nomi cinesi

In Cina il cognome precede il nome proprio, poiché il gruppo o il clan familiare è più importante dell'individuo. Zhang Hua è quindi il signor Zhang e non il signor Hua. Quando vi rivolgete a un cinese è meglio usare l'appellativo di "signore", "signora" o "signorina"; i cinesi sono più formali degli occidentali. Negli anni il titolo generico *tongzhi* o "compagno" utilizzato dai comunisti è caduto in disuso. Se lo utilizzate potreste notare che le persone si mettono a ridere. Potreste anche accorgervi che i cinesi utilizzano la qualifica lavorativa quando si riferiscono a qualcuno (sindaco Wang, direttore Li, maestro Zhang e così via). Questo è il modo in cui i cinesi si chiamano normalmente tra di loro ed è un'abitudine molto utile che si consiglia di adottare, perché sarete quasi sicuramente destinati a incontrare numerose persone che hanno lo stesso cognome e questo vi aiuterà a distinguerle

Un appellativo affettuoso per cinesi è *"lao bai xing"* ovvero i " cento vecchi cognomi", qui a indicare lo scarso numero dei cognomi tradizionali. In Cina, infatti, i cognomi sono 438, un numero limitato se si considera il numero di abitanti del paese. Di questi solo trenta hanno due sillabe; gli altri ne hanno una sola, e fra i più comuni ci sono Zhang, Wang, Wu, Zhao e Li. I nomi propri possono essere di una o due sillabe e sono spesso scelti in base a uno schema prestabilito che la famiglia in genere segue da generazioni. I bambini di ogni generazione – e questo comprende anche i cugini che sono figli di fratelli maschi – possono avere un nome "generazionale" in comune: Li Weiguang ad esempio, potrebbe avere un fratello o un cugino che si chiama Li Weiguo e una sorella chiamata Li Weiling: Li è il cognome, mentre Wei è il nome che indica le persone della famiglia appartenenti alla stessa generazione. In Cina il suono e il significato dei nomi sono molto importanti. Se riuscite a trovare qualcuno che escogiti per voi un nome in cinese, che sia somigliante al vostro dal punto di vista fonetico e abbia anche un significato interessante e positivo, farà un grande effetto sulle persone che incontrerete. Quando i cinesi scelgono un nome occidentale, la scelta è altrettanto importante e se lavorerete con dei cinesi e li vorrete aiutare a trovare un nome nella vostra lingua, prendete un dizionario dei nomi.

Non è considerato rispettoso per i figli rivolgersi al padre utilizzando il nome proprio, e nelle famiglie più all'antica neppure la moglie può farlo. Resta sempre buona norma non utilizzare il nome proprio se non quando avrete maturato una grande confidenza. Quindi se un amico che si chiama professor Zhang Dailin (che potrebbe anche essere una donna, dato che in Cina molti nomi sono sia maschili sia femminili), chiamatelo professor Zhang, *non* Dailin, o almeno non prima di conoscerlo veramente bene.

Un modo più informale per rivolgersi alle persone è quello di utilizzare il loro cognome preceduto dalle parole *xiao* o *lao*. *Xiao* significa "piccolo o giovane", mentre *lao* vuol dire "vecchio". L'età di passaggio da *lao* a *xiao* è intorno ai 35 anni, quindi se iniziate a visitare la Cina quando siete ancora uno *xiao* Rossi, sappiate che prima o poi dovrete abituarvi a essere chiamati *lao* Rossi. Tenete presente, però, che i cinesi vogliono solo mostrare rispetto per la vostra età avanzata, anche se voi potreste invece aver sperato che nessuno la notasse. Inoltre *xiao* e *lao* è in funzione dell'età tra i due parlanti, se avete un collaboratore più giovane lui sarà un *xiao*. Il termine *lao* si utilizza anche quando una persona è veramente vecchia, ma la sua posizione cambia. L'ex presidente cinese Deng Xiaoping visse più di novant'anni ed era chiamato rispettosamente "Lao Deng". Usare *xiao* e *lao* è completamente accettato fra amici e colleghi, e gli stranieri lo considerano un modo comodo per superare le difficoltà dei nomi cinesi. Ricordatevi però di *non* utilizzarli la prima volta che fate conoscenza. Per quanto riguarda il vostro nome, nei rapporti d'affari è meglio se all'inizio vi facciate chiamare per cognome, utilizzando il vostro nome proprio solo per gli amici.

Il mito dell'imperscrutabilità dei cinesi

Nei resoconti della Cina tradizionale, gli autori occidentali spesso sottolineavano che i cinesi, nelle conversazioni, tendevano a non essere diretti e preferivano affrontare gli argomenti in modo evasivo. In realtà, è probabile che noterete che i cinesi con cui entrerete in contatto, pur mantenendo una cortesia marcata, sono spesso più diretti di molti occidentali. Con il tempo e la fiducia reciproca, saranno disposti a mostrare le proprie emozioni, come qualsiasi altra persona. Potete aspettarvi domande dirette su questioni personali come l'età, la famiglia, lo stato civile, la salute, la casa, l'automobile e lo stipendio, e potrete fare le stesse domande in cambio. Molti occidentali che hanno trascorso del tempo in Cina hanno instaurato rapporti d'amicizia duraturi con i cinesi, dimostrando che le differenze culturali non sono ostacoli, ma elementi interessanti da conoscere per entrambe le parti.

La famiglia

In Cina, la famiglia rappresenta la base della società e costituisce la fonte di felicità e sicurezza per l'individuo. Le rigide regole sui rapporti sessuali prematrimoniali e sulla convivenza senza matrimonio stanno diventando più flessibili, ma le ragazze madri sono ancora rare, e nonostante l'aumento dei divorzi, la percentuale è relativamente bassa. Gli anziani, di solito, non vengono inviati in case di riposo, ma vengono accuditi dalle loro famiglie. Nella Cina del sud, le famiglie spesso fanno parte di un gruppo più ampio, dove i vari membri si aiutano reciprocamente. Le spese universitarie e altre spese rilevanti possono essere sostenute da parenti lontani, specialmente se vivono a Taiwan o negli Stati Uniti. La "pietà filiale", concetto introdotto da Confucio, sottolinea il rispetto dei figli verso i genitori e costituisce la base di tutte le virtù, estendendosi al servizio del sovrano e al successo nella vita.

Ironicamente, la politica del figlio unico ha avuto un impatto negativo sulla "pietà filiale", generando bambini viziati e non abituati a condividere o a fare compromessi senza fratelli. Questi "piccoli imperatori" sono evidenti nelle città più ricche, dove spesso cercano di ottenere ciò che desiderano dai genitori. Nelle zone rurali, dove molte famiglie hanno ignorato la politica del figlio unico, la vita familiare è meno focalizzata su un solo figlio, ma sull'unione di tutta la famiglia per produrre ricchezza o almeno per sopravvivere.

Nonostante la famiglia estesa stia diminuendo nelle città, i termini affettuosi per definire i vari membri della famiglia in base al ruolo, all'età e al ramo di appartenenza persistono. Queste antiche parole sopravvivono, in quanto vengono utilizzate per definire anche persone estranee al nucleo familiare, riflettendo una pratica simile a quella dell'Occidente passato, dove i bambini chiamavano gli amici della famiglia "zio" o "zia" prima che diventasse comune chiamare gli adulti per nome.

Uomini e donne

Se dovete trattare con qualcuno di sesso opposto, è improbabile che ci siano altri contatti fisici dopo la stretta di mano iniziale, ma le persone dello stesso sesso tendono a toccarsi di più che in Occidente e spesso le donne, per mettere in risalto qualcosa, si danno dei colpetti fra loro sulle braccia. In alcuni posti lontano dai grandi centri urbani potreste anche vedere dei giovani dello stesso sesso che camminano per strada tenendosi per mano, un gesto che nella società cinese non è nulla di più di una manifestazione di amicizia.

Anche in Cina ovviamente ci sono omosessuali maschi e femmine, ma l'argomento è ancora abbastanza un tabù, per cui i gay e le lesbiche devono tenere un comportamento discreto. Fuori dalle grandi città, come Pechino e Shanghai, palesare apertamente le proprie tendenze omosessuali o vestirsi in modo stravagante potrebbe ancora attirare troppa attenzione indesiderata.

La condizione femminile

Una delle lotte più dure, ma coronate da successo, combattute dal comunismo è stata quella per la parità fra uomo e donna. Nelle campagne tuttavia esiste ancora una tradizionale preferenza per i figli maschi che ha spesso condotto all'uccisione delle neonate anche in tempi relativamente recenti (un'antica pratica "feudale" condannata dal governo ma dimostratasi molto difficile da sradicare). Quando nel 1949 il Partito Comunista prese il potere, la tradizione barbara di fasciare i piedi delle donne per impedire che diventassero "grandi e brutti" era ancora in vigore, malgrado gli sforzi già fatti nel 1912 per proibirla.

Un altro autentico "grande balzo in avanti" per le donne della RPC è la possibilità di poter ricorrere alla contraccezione e di poter avere l'assistenza per i bambini. L'affermazione di Mao che "le donne reggono l'altra metà del cielo" sta finalmente diventando una realtà, poiché un'intera generazione di donne giovani, capaci e istruite sono entrate nel mondo del commercio, della scienza, della medicina e dei media. I progressi per le donne sembrano essere più lenti nel mondo esclusivo della politica cinese. Le donne straniere che viaggiano in Cina non avranno, tuttavia, più problemi di quelli che hanno nel loro paese e quelle che lavorano saranno trattate alla pari degli uomini.

Il matrimonio in Cina

In Cina i matrimoni sono sempre stati eventi molto colorati e costosi. In passato erano combinati dalla famiglia e i due sposi si incontravano la prima volta il giorno stesso delle nozze. Secondo la tradizione l'unica aspirazione nella vita di una ragazza era il matrimonio e gli uomini avevano il dovere di perpetuare la discendenza della famiglia. Oggi tuttavia grazie alla secolarizzazione portata dal comunismo, i giovani sono liberi di fidanzarsi a proprio gusto. Tradizionalmente, prima del matrimonio veniva ingaggiato un intermediario o mezzano che aveva la funzione di sistemare tutti i dettagli di quella che di fatto era un'operazione finanziaria. Quando l'accordo era raggiunto, la sposa (che in genere non aveva più di 14 anni) veniva trasportata lungo le strade su una portantina dalla casa dei genitori fino a quella dello sposo. Nessuno poteva vederla; la portantina era completamente chiusa e ci sono anche racconti di spose morte per soffocamento durante il tragitto. Come in moltissime società tradizionali, il matrimonio è un patto sociale e di accordo tra famiglie, e non una questione di sentimenti, questo almeno per le classi medio-alte. Tra i poveri con pochissime proprietà non aveva molta importanza. Un'altra tradizione, proibita dai comunisti, era la possibilità per l'uomo di avere delle concubine, sia per avere più figli sia semplicemente perché era ormai stanco della prima moglie. In Tibet, cosa comune a molte regioni himalayane quest'usanza valeva invece per le donne; la poliandria era infatti molto comune e le donne potevano avere più mariti, in genere imparentati fra loro. Grazie a ciò, l'eredità della terra coltivabile, già scarsa di per sé, non veniva divisa tra i figli, evitando che le famiglie si impoverissero sempre di più.

I matrimoni felici erano rari, in parte perché la madre del marito era spesso crudele con la nuora. Le vedove non potevano risposarsi, perché un nuovo matrimonio era considerato immorale. Non è quindi sorprendente sapere che sin dall'antichità ci sono state delle società segrete di donne che veneravano la dea Guan Yine facevano voto di non sposarsi mai. Molte andavano a lavorare come domestiche per tutta la vita presso le famiglie ricche, tenendosi così alla larga dai genitori e dagli eventuali mezzani.

Oggi in Cina il matrimonio è un evento che si ritiene debba durare per tutta la vita; la fedeltà viene data per scontata, anche se la frequentazione di prostitute e anche mantenere delle vere e proprie concubine è comune tra i ricchi uomini d'affari, mentre il divorzio è possibile ma abbastanza raro. Il marito e la moglie lavorano entrambi e tendono a suddividersi i compiti per la gestione della casa e la cura dei figli. Le persone si rammaricano per chi non è sposato, ma non c'è più la pressione sociale di un tempo che obbligava le persone al matrimonio.

Neonati e bambini

I cinesi adorano i bambini, se viaggiate con i vostri figli riceveranno tantissimi complimenti. Questo può essere un po' sconvolgente per i bambini occidentali più piccoli, non abituati a ricevere così tante attenzioni quando sono a casa: i cinesi daranno loro tanti pizzicotti sulle guance e sulle gambe; i bambini potrebbero anche essere costretti a posare con le loro orde di ammiratori per un numero infinito di foto (i bambini con i capelli biondi o rossi, in particolare, possono attrarre in pochi minuti una folla enorme di persone). L'amore dei cinesi per i bambini deriva in parte dall'importanza data alla continuità della famiglia e del clan, ma nasce anche dalla semplice gioia suscitata dalla loro vivacità e dal loro entusiasmo, in un paese in cui la vita può essere per molti ancora piuttosto cupa, difficile e triste.

Il rispetto per la vecchiaia e gli antenati

Il concetto di pietà filiale significa che bisogna portare rispetto nei confronti degli anziani e per estensione anche agli antenati. Questo "culto degli antenati" è sicuramente una costante della filosofia e anche della religiosità cinese: ogni azione di un membro della famiglia può portare onore o disonore a tutto il clan.

La festa tradizionale del Qing Ming, in occasione della quale le famiglie portano offerte alle tombe dei loro antenati, è ancora oggi molto importante e sentita e rappresenta un'occasione per ritrovarsi e ricordare le radici comuni della propria famiglia e comunità.

Nascite

La nascita di un bambino, in particolare se maschio, è considerata un evento molto fortunato; la continuità della famiglia è assicurata e un mese dopo il lieto evento viene organizzata una festa, durante la quale si mangiano uova sode con il guscio dipinto di rosso.

I cinesi in genere non celebrano molto i compleanni, essendo una pratica entrata in Cina soprattutto nell'ultimo secolo. Inoltre, secondo il calendario tradizionale, l'età viene calcolata dal momento del concepimento e non dalla nascita, per cui quando un bambino nasce si considera che abbia nove mesi. Questo porterà a divertenti incomprensioni con i cinesi che conoscerete circa l'età effettiva e l'anno di nascita.

Funerali

Le numerose credenze cinesi legate alla morte sono sopravvissute fino al XXI secolo senza subire di fatto alterazioni, malgrado le varie campagne per abolirle adottate nel corso del Novecento. Fino a poco tempo fa si usava seppellire il corpo con i vestiti e i gioielli. A Hong Kong ci sono negozi specializzati che vendono denaro finto e oggetti di carta – mobili, automobili, case e abiti – che vengono bruciati e seppelliti con il corpo.

Capita spesso che un non credente paghi un monaco buddhista o taoista affinché reciti delle preghiere (che in genere durano parecchie ore) e svolga delle cerimonie per l'anima del defunto. Un'altra usanza che sicuramente sarebbe apparsa strana agli occhi degli occidentali era quella di comprare la bara in anticipo e di conservarla in casa. In altri termini, i cinesi non hanno bisogno di venire a patti con la loro mortalità, ma l'accettano come uno degli eventi più importanti nel ciclo della vita.

Ai funerali il colore tradizionale è il bianco, ma ha preso anche piede l'usanza occidentale di vestire abiti scuri. Se il defunto è arrivato a settant'anni si ritiene che non ci debbano essere ragioni per provare un grande dolore, anche se durante il corteo funebre ci saranno numerosi lamenti rituali espressi ad alta voce.

I cinesi credono che il corpo debba arrivare intatto nel mondo successivo, per cui la cremazione è malvista. Questo è un problema nelle città sovraffollate, dove non c'è abbastanza spazio per i cimiteri.

Un'altra conseguenza della necessità di mantenere il corpo intatto è che la donazione degli organi è rara nelle comunità cinesi, nonostante varie campagne promosse dal governo in nome della sensibilizzazione e della sanità pubblica.

Istruzione

I cinesi hanno sempre dato grande importanza all'istruzione e hanno un immenso rispetto per gli studiosi. Infatti una delle conseguenze peggiori della Rivoluzione Culturale è stata la perdita da parte di un'intera generazione di intellettuali e di giovani istruiti, poiché solo gli operai e i contadini erano visti come portatori della giusta ideologia rivoluzionaria, gli studenti vennero mandati in campagna a lavorare e per alfabetizzare i contadini, privando però così il paese dell'impulso e delle competenze di una gioventù istruita. Oggi, a mano a mano che il paese si sposta verso un'economia moderna basata sulla conoscenza, le persone sono persino più desiderose di ricevere un'istruzione.

Gli studenti di ogni livello, dalle scuole elementari alle università, devono fare una quantità enorme di compiti e sostenere esami difficili e molto competitivi. Gli insegnanti e i professori sono molto rispettati (anche se non hanno stipendi alti). Le richieste per un'istruzione di buon livello superano l'offerta e il governo incoraggia l'apertura di scuole a pagamento per colmare il vuoto. Abbondano anche numerosi corsi online e di insegnamento a distanza. Il grande problema restano costantemente i finanziamenti. I genitori tuttavia devono contribuire sempre più all'istruzione dei figli con il proprio denaro e molte scuole statali ora fanno pagare le tasse. Nelle regioni più povere, l'accesso alle scuole secondarie (e anche primarie) è limitato;

la Banca Mondiale ha lavorato in passato e prosegue con vari progetti con il governo cinese per migliorare questa situazione, nelle campagne e nelle regioni più periferiche abbondano i progetti di varie ONG volte a migliorare la situazione scolastica dei giovani delle minoranze etniche più svantaggiate.

Perdere la faccia

I cinesi stanno molto attenti a non "perdere la faccia" (in cinese *diuminazi*) o a mostrarsi in cattiva luce di fronte agli altri. Se non possono o non vogliono rispondere a una domanda difficile, spesso si limitano a non rispondere. Questo potrebbe significare che il visitatore straniero ha detto qualcosa che non è stato capito oppure che l'interlocutore cinese non è sicuro su alcuni punti dell'argomento in questione.

Allo stesso modo, uno straniero perde la faccia quando si arrabbia o si innervosisce. La frase "non è opportuno" è spesso un modo gentile per comunicare che qualcosa è impossibile o difficile, ma vuol dire anche che in quel momento il cinese con cui state parlando preferisce non entrare nei dettagli della situazione. È possibile insistere un po', ma non troppo. Può anche capitare, soprattutto a lavoro, che un subalterno accetti un carico di lavoro assegnato dal suo superiore pur sapendo che non riuscirà a terminarlo nei tempi stabiliti. È preferibile accettare e non portare a compimento l'opera piuttosto che opporre un rifiuto netto.

Le relazioni interpersonali (Guanxi)

L'utilizzo delle relazioni interpersonali o *guanxi* è stato per secoli il modo principale per fare qualsiasi cosa: per trovare un marito o una moglie, una scuola o un lavoro per il proprio figlio, un mercato per il proprio prodotto, un posto dove vivere, e anche per riuscire a fare un viaggio oltremare. I favori venivano fatti e restituiti in base a una rete sottintesa di relazioni molto complesse. Le "relazioni di fiducia" dei cinesi si basano su due o più persone che sanno di poter contare sul reciproco sostegno. Nel complesso, la base delle *guanxi* cinesi è costituita dai vincoli familiari a causa dell'obbligo morale dei parenti di aiutarsi l'un l'altro o di relazioni sociali creatisi e rafforzatisi negli ambienti della scuola e del lavoro. Anche chi non fa parte della famiglia e pure gli stranieri possono tuttavia essere incorporati in questo sistema di relazioni. I legami coniugali, familiari e di amicizia sono importanti nelle *guanxi*: e allo stesso modo lo sono altri vincoli come le promesse solenni di sodalizio. I legami delle *guanxi* si possono stabilire anche ricorrendo ai vincoli reali o immaginari fra cinesi che hanno lo stesso cognome. Questo non presuppone antenati in comune, anche se i primi cinesi che emigrarono nell'Asia sud-orientale spesso si raggruppavano in associazioni in base al cognome per procurarsi mutua assistenza.

Anche i legami di amicizia che si sviluppano vivendo assieme, andando nella stessa scuola o condividendo altre esperienze sociali possono formare la base delle *guanxi*. I cinesi d'oltremare hanno da tempo capito l'importanza nel mondo degli affari dei vincoli familiari e delle relazioni con persone che sono sul posto, per minimizzare i rischi, i costi di gestione e l'incertezza che deriva dai rapporti d'affari con estranei. La loro rete commerciale si estende per tutto il Sud-est asiatico e può essere di grande aiuto per gli imprenditori che desiderano stabilire delle joint-venture o individuare dei contatti e degli agganci nella Repubblica Popolare. Molte aziende cinesi hanno soci d'affari stranieri, ma questi legami puramente funzionali sono molto meno forti rispetto ai vincoli tradizionali.

7. La vita quotidiana dei cinesi

In Cina, i media sono ufficialmente sotto il controllo dello stato. Tuttavia, negli ultimi anni si è verificata una significativa proliferazione di pubblicazioni, stazioni radio e televisive indipendenti e pirata. In aggiunta, sono aumentate le presenze di TV e radio provenienti da altri Paesi. Questo fenomeno, insieme alla crescente accessibilità a Internet e alla possibilità di viaggiare all'estero, contribuisce a diffondere informazioni meno filtrate nel paese.

Molte persone in Cina tendono naturalmente a evitare di criticare apertamente il loro paese in presenza di visitatori stranieri, almeno finché non sviluppano una conoscenza approfondita e fiducia reciproca. Inoltre, anche quando esprimono critiche, spesso lo fanno in modo cauto e implicito. Negli ultimi anni, è emerso un sentimento nazionalista forte, specialmente tra i giovani cinesi, alimentato dall'aumento di potere e dall'influenza internazionale della Cina.

In ambito televisivo, le interviste incisive ai politici sono praticamente assenti, e i notiziari solitamente sono preregistrati anziché trasmessi in diretta. Le notizie su disastri interni vengono diffuse con ritardi significativi, mentre le catastrofi in altri paesi sono spesso enfatizzate nei notiziari. Anche se in Cina persiste una focalizzazione sugli sforzi eroici dell'Esercito Popolare di Liberazione, si sta verificando un cambiamento rapido, con la nuova generazione che tollera poco le vecchie usanze confuciane e comuniste che proteggono i funzionari pubblici da ogni critica.

I cinesi mostrano un grande interesse nella lettura, con numerose case editrici, periodici e giornali. Il "Renmin Ribao" (Quotidiano del Popolo) è l'organo ufficiale del Partito Comunista Cinese (PCC), mentre il «Qiushi» (La ricerca della verità) è la rivista ideologica del partito, con periodicità quindicinale. Esistono anche pubblicazioni in inglese gestite dallo stato, tra cui il China Daily, che ha anche una versione online.

Il problema dei **diritti umani** è una questione delicata, con divergenze di interpretazione tra Occidente e Cina. I punti critici includono il sistema penale rigido, l'intolleranza del governo verso la contestazione del ruolo del partito comunista, l'uso frequente della pena di morte e le politiche adottate nelle regioni con forti presenze di minoranze etniche. L'abuso di potere da parte dei funzionari locali nei confronti dei contadini nelle zone rurali è un'altra fonte di sofferenza, soprattutto dove pochi stranieri si avventurano. Sebbene le riforme da parte del governo di Pechino impieghino tempo per raggiungere le zone rurali, si spera che la crescita continua della prosperità, della legalità e del contatto con altre società possa favorire la spinta per le libertà civili in Cina.

Modi di vita e abitazioni

Grazie al clima politico attuale, più disteso, è sempre più comune che i cinesi invitino i loro amici stranieri a cena o addirittura a soggiornare nelle loro case, una pratica impensabile fino a pochi anni fa. A differenza degli anni di controllo assoluto del partito, le visite si svolgono ora in modo tranquillo e senza sorveglianti del partito all'entrata dell'edificio. I cinesi, abituati a vivere vicino l'uno all'altro, sono molto interessati alle attività dei loro vicini, quindi preparatevi a essere al centro dell'attenzione.

Quando i cinesi invitano uno straniero in casa, solitamente coinvolgono parenti, vicini e amici per conoscerlo, specialmente se alcuni di loro parlano inglese o la lingua dell'ospite. Durante queste occasioni, è consigliabile evitare discussioni su argomenti di attualità o politica, per evitare possibili divergenze di opinioni.

I cinesi sono estremamente ospitali e cercano di mettere l'ospite a proprio agio. Appena entrato in casa, all'ospite verrà offerto del tè accompagnato da vari spuntini come cracker di riso, semi di cocco tostati, semi di girasole, arachidi e frutta fresca o conservata. Non abbuffatevi - è probabile che successivamente vi sarà offerto un pasto molto sostanzioso.

A differenza dei giapponesi, i cinesi sono più propensi a mostrare la propria casa agli ospiti. Sebbene i primi incontri in Cina possano avvenire in un ristorante, dove l'ospite desidera farvi assaporare le specialità della cucina locale, le case tradizionali cinesi erano solite avere un cortile e ospitare il nucleo familiare. Tuttavia, con il tempo, molte di queste abitazioni sono state demolite, e gran parte della popolazione vive in complessi residenziali a più piani.

Le case cinesi, spesso piccole e anguste rispetto agli standard occidentali, tendono a essere ben arredate. Dispositivi elettronici come TV, computer e tablet sono comuni, e la disponibilità di tali beni è spesso superiore rispetto all'Occidente, data la posizione di primo piano della Cina nella produzione tecnologica. Anche se l'esterno può sembrare poco attraente, gli interni sono curati e confortevoli, e molti cinesi fanno del loro meglio per rendere l'abitazione gradevole.

Gli svaghi, solitamente riservati al fine settimana, ruotano spesso attorno alla televisione. Oltre ai programmi televisivi normali, molte famiglie cinesi apprezzano i film occidentali, spesso versioni piratate. Nonostante il governo cerchi di combattere questa pratica, non ha avuto molto successo. Negli ultimi anni, la produzione cinematografica cinese è notevolmente aumentata, e le piattaforme di streaming sono molto diffuse.

Relazioni sociali e occupazioni

Gli stranieri in Cina in genere tendono a frequentare i cinesi appartenenti alla classe media che vivono nelle città e che hanno una più conoscenza delle questioni internazionali e un certo livello culturale. È una fascia della popolazione che ha in genere molte più cose in comune con l'occidentale medio che con i cinesi più poveri che abitano nelle campagne, oltre al fatto che per ragioni di lavoro e studio è molto più facile che si instaurino rapporti di questo tipo. Con altre tipologie di persone la conversazione sarà piuttosto limitata, sia per la barriera linguistica sia per l'enorme divario nella conoscenza delle faccende internazionali fra i contadini più poveri e le classi più istruite. Inoltre, anche se la vostra conoscenza del cinese è tale da permettervi di sostenere una conversazione semplice, fuori delle grandi città gli accenti e i dialetti regionali possono essere incomprensibili anche per gli stessi cinesi.

Incontri e saluti

La stretta di mano

Negli incontri è buona norma stringersi la mano, in genere più a lungo di quanto si usa fare in Occidente. Questo gesto potrebbe essere accompagnato da un rispettoso cenno del capo. Se vi viene presentato un gruppo di persone ricordatevi di stringere la mano a tutti. Dopodiché, per quanto riguarda i contatti fisici, seguite l'esempio della persona con la quale state parlando. Tendenzialmente è bene non toccare troppo i propri interlocutori.

Alzarsi in piedi

Nel mondo occidentale sempre più informale, l'usanza di alzarsi piedi quando entra nella stanza qualcuno che non vi è stato ancora presentato è quasi scomparsa. In Cina invece sarebbe scortese non alzarsi in piedi e non stringere la mano al nuovo arrivato, e prima di sprofondare nuovamente nella poltrona aspettate che l'altro vi inviti a farlo. Se quando siete in Cina avete dei dubbi, eccedete con le formalità. L'unica eccezione è se siete in una riunione formale di lavoro e qualche impiegato entra timidamente in punta di piedi per dire qualcosa sottovoce a un collega, in genere per prendere accordi sul pranzo o sul trasporto. In questo caso tutto ciò che dovete fare è sorridere con gentilezza; non balzate in piedi per stringergli la mano.

Il linguaggio del corpo

In confronto ad alcune società asiatiche, come quelle dell'India, dell'Indonesia e del Giappone, più profondamente religiose e quindi con rituali più elaborati, in Cina non esistono norme comportamentali che possano creare grossi problemi ai visitatori stranieri. Non essendo presente in Cina una forte religione di dogmi, gli anni egualitari del Maoismo hanno lasciato ai cinesi abitudini più rilassate e meno rigide. Una cosa che difficilmente vedrete (e che sicuramente non dovrete fare) sono i baci in pubblico; anche gli abbracci e gli atteggiamenti affettuosi tipicamente occidentali che prevedono contatto fisico sono rari.

Fino a poco tempo fa era consuetudine ruttare molto forte dopo il pasto per mostrare apprezzamento. I cinesi che hanno avuto contatti con gli occidentali hanno però notato che questo comportamento infastidiva i loro ospiti stranieri e hanno abbandonato l'usanza.

Fra le persone più povere è molto diffusa l'abitudine di sputare e di raschiarsi la gola facendo molto rumore, una necessità causata, nel nord, dalla polvere proveniente dal deserto del Gobi, e in tutta la Cina dal fumo eccessivo; tutto ciò che potete fare è sopportare. Ci sono state molte campagne per la salute pubblica contro questa consuetudine, fino ai cartelli stradali sparsi per Pechino nel periodo precedente le Olimpiadi del 2008, ma senza grandi risultati. Tuttavia, se avete il raffreddore e avete bisogno di soffiarvi il naso, cercate di uscire dalla stanza; gran parte dei cinesi considera disgustoso fare questo gesto di fronte agli altri.

Puntualità e orari

La puntualità è vitale in ogni occasione, sia per lavoro sia per incontri personali. Per i cinesi il ritardo anche di pochi minuti è segno di maleducazione, ed è buona norma avvisare se succede. I cinesi si alzano e vanno a dormire presto, per cui il pranzo si svolge in genere a mezzogiorno e la cena inizia alle diciotto. I pasti, le riunioni e le visite finiranno in modo brusco. Il pasto potrebbe durare a lungo, ma appena termina, a parte alcuni convenevoli, i visitatori devono alzarsi e andarsene. Non c'è l'abitudine dei lunghi dopocena con caffè così comuni in Occidente e il commiato subito dopo il pasto è una regola in Cina. Semmai ci si può dilungare in chiacchiere durante un tè serale con magari una partita a *majiong* (il gioco di tessere tipico della Cina). È cortese da parte di chi vi ospita accompagnarvi fino al portone o al taxi per salutarvi. Se siete voi a ospitare dovrete fare lo stesso.

Mah Jong e Romagna

Il Mah Jong è un affascinante gioco da tavolo con 144 tessere con simboli, numeri e semi diversi e due dadi.

Le sue origini sono antiche e misteriose, e secondo la tradizione risalgono al VI secolo a.C. ai tempi del venerabile Confucio, anche se probabilmente il gioco, così come lo conosciamo, si è strutturato attorno al XIX secolo come passatempo degli ufficiali dell'esercito – anche se non esiste un regolamento unificato a livello mondiale.

Con l'apertura della Cina al resto del mondo, a partire dal 1900 il Mah Jong si è poi diffuso lungo le principali rotte commerciali arrivando in Giappone, negli Stati Uniti e infine in Europa. In Italia arrivò negli anni Venti del Novecento e si diffuse nelle città portuali come Catania, Napoli, Bari, Livorno, Venezia, Genova e, in particolare, a Ravenna e nel resto della Romagna, dove è diventato popolarissimo. È proprio a Ravenna che nel 1987 è stata costituita la **Federazione Italiana Mah Jong**, e le regole più consolidate sono quelle del cosiddetto Regolamento Faentino, il più vecchio di tutti.

Gli incontri tra ragazzi e ragazze

Nella Cina maoista i ragazzi e le ragazze cinesi che volevano fidanzarsi o sposarsi dovevano chiedere il permesso ai loro superiori nella *danwei* (unità di lavoro). Si trattava in parte di un tentativo di impedire i matrimoni combinati e molto precoci tipici dell'antica Cina, e l'età minima per sposarsi era fissata a 25 anni.

Le cose oggi sono più libere e semplici, anche se è ancora difficile per le giovani coppie trovare un posto dove appartarsi e le convivenze prima del matrimonio sono praticamente inesistenti (in parte a causa della carenza di alloggi). Se una ragazza e un ragazzo cinese cominciano a uscire insieme, in genere si suppone che alla fine si sposeranno. Ovviamente i costumi nelle grandi città cambiano, tuttavia potreste notare molta riservatezza anche tra i vostri amici nel parlare di questioni intime o private, tanto che potreste non capire subito che un ragazzo e una ragazza in un gruppo sono fidanzati.

Passatempi

La possibilità di dedicarsi a un hobby adesso è alla portata di molti cinesi grazie all'aumento del tempo libero, della libertà e del denaro. In genere si tratta di passatempi piuttosto semplici perché i cinesi sono molto attenti ai soldi. I passatempi tradizionali nelle città sono vari e vanno dal mangiare fuori (inteso al ristorante, perché mangiare in strada è molto comune in Cina per ogni persona), praticare uno sport o assistere a un incontro sportivo, fare *taijiquan*, collezionare francobolli, tenere uccelli come animali domestici, leggere, giocare a Mah Jong o a scacchi, fare balli tradizionali e andare in discoteca o nei bar con karaoke, guardare la TV, andare al cinema e a teatro, e navigare su Internet. Uno dei passatempi preferiti dei cinesi era frequentare le sale da bagno: dei luoghi all'interno della città in cui si poteva oziare in grandi vasche di acqua calda, giocare con i grilli o a carte, parlare di politica. Negli ultimi anni sono sempre più le case da bagno che non resistono ai nuovi luoghi di divertimento e chiudono. Sempre più spesso, gli acquisti negli affollati e moderni centri commerciali, il cui numero è in costante aumento, vengono fatti per diletto e non solo per procurarsi i beni di prima necessità, o anche solo per passeggiare e incontrare gli amici, un passatempo sempre più comune ovunque anche se non proprio stimolante. Con l'aumento delle possibilità economiche, i cinesi si stanno dimostrando grandi turisti, sia all'interno della Cina, ma anche all'estero. Le città e le località di tutto il mondo, soprattutto in Europa e in America, vedono una presenza di turisti cinesi sempre più marcata, un cambiamento enorme rispetto a quando i viaggi all'estero erano un lusso per pochi.

L'igiene in bagno

Anche se la maggior parte degli americani e degli europei che visitano la Cina alloggia in alberghi in stile occidentale, i cui bagni sono simili a quelli del loro paese d'origine, è assai probabile che quando saranno in gita turistica, per lavoro o a casa di amici dovranno utilizzare bagni in stile cinese.

Un bagno cinese consiste in un semplice trogolo "alla turca", abbastanza comune anche in Italia. Difficilmente troverete la carta igienica (ricordatevi di portarne un po' con voi); anche se c'è, i cinesi dopo l'uso non la gettano nel gabinetto, ma la buttano in un apposito contenitore. Questa abitudine si deve alle carenze della rete fognaria, la quale ha tubature più strette delle nostre in Europa e si intaserebbe facilmente, oltre a qualche problema di pressione dovuto alla vastità delle rete e al numero di abitanti che serve. In campagna invece era pratica utilizzare il contenuto delle fosse come concime per i campi, anche se non è chiaro quanto ancora sia effettivamente diffusa questa pratica. Di conseguenza, i bagni pubblici, e a volte anche quelli pubblici degli alberghi, hanno un odore caratteristico molto sgradevole e non sono posti in cui vale la pena soffermarsi a lungo. Spesso non è nemmeno possibile lavarsi le mani dopo aver usato il bagno, quindi portatevi delle salviette inumidite o tenete una bottiglietta d'acqua dentro lo zaino. Un'altra bella sorpresa per le donne è che nei posti più poveri spesso i bagni sono senza porte, per cui l'intimità è inesistente. Nelle remote zone rurali, sempre che li visitiate, dove gli stranieri sono ancora una novità, potreste trovarvi al centro dell'interesse di un pubblico formato dalle donne del luogo.

Cibo e bevande

La **gastronomia cinese**, rinomata per i suoi sapori diversificati, tecniche intricate e ricco significato culturale, si presenta come una meraviglia culinaria che ha affascinato il palato di persone in tutto il mondo. Radicata in una storia che si estende per migliaia di anni, la cucina cinese riflette l'ampia estensione geografica del paese, i climi variati e le diverse influenze culturali.

Le radici possono essere fatte risalire all'antichità, con prove archeologiche che suggeriscono che le tecniche di cottura fossero ben sviluppate già durante la dinastia Shang (circa 1600-1046 a.C.). Gli antichi cinesi riconoscevano l'importanza di bilanciare sapori e credevano che il cibo dovesse non solo nutrire il corpo ma anche soddisfare i sensi. Nel corso dei secoli, le arti culinarie cinesi si sono evolute insieme ai cambiamenti politici, economici e sociali del paese.

Uno dei momenti cruciali nella gastronomia cinese si è verificato durante la dinastia Han (206 a.C. - 220 d.C.), quando la filosofia dello Yin e dello Yang e il concetto dei Cinque Elementi hanno fortemente influenzato la cucina. Questi principi enfatizzavano l'importanza di ottenere un equilibrio nei sapori, nelle consistenze e nei contenuti nutrizionali in ogni pasto. L'uso di condimenti e spezie come salsa di soia, aceto, zenzero e aglio divenne parte integrante della cucina cinese, contribuendo al suo distintivo profilo aromatico.

La Via della Seta, una rete di rotte commerciali che collegava la Cina al Medio Oriente, all'Africa e all'Europa, ha giocato un ruolo significativo nell'introdurre nuovi ingredienti e metodi di cottura nelle cucine cinesi. Spezie esotiche, frutti e verdure, insieme a varie tecniche culinarie, hanno arricchito il repertorio culinario locale e contribuito allo sviluppo di varianti regionali.

Una delle caratteristiche distintive della gastronomia cinese è la sua incredibile diversità regionale. Le dimensioni considerevoli della Cina e le sue variazioni geografiche hanno dato origine a tradizioni culinarie distinte nelle diverse province. Tradizionalmente, il paese è diviso in **otto principali regioni culinarie**: Cantonese, Sichuan, Shandong, Jiangsu, Zhejiang, Fujian, Hunan e Anhui.

La **cucina cantonese**, originaria della provincia meridionale del Guangdong, è rinomata per i suoi sapori delicati, freschi e per una predilezione per la cottura a vapore e stir-fry. Il dim sum, uno stile di piatti piccoli e saporiti serviti in porzioni boccone, è un elemento caratteristico della gastronomia cantonese.

La **cucina sichuanese**, proveniente dalla provincia sud-occidentale del Sichuan, è nota per i suoi sapori audaci e piccanti. L'uso di pepe sichuanese conferisce un'esperienza unica di intorpidimento ai piatti, creando una sinfonia di sapori che è sia ardente sia aromatica. Il mapo tofu e il pollo Kung Pao sono piatti iconici che illustrano i sapori robusti della cucina sichuanese.

La **cucina della provincia orientale dello Shandong** presenta una preferenza per sapori robusti e salati. Il pesce è un elemento importante, con un'attenzione particolare alle tecniche di brasatura e frittura profonda.

La **cucina di Jiangsu**, nota per la sua preparazione meticolosa e presentazione elegante, è diffusa nella parte orientale della Cina. Caratterizzata dall'enfasi su ingredienti freschi e stagionali, la cucina di Jiangsu spesso presenta sapori delicati e tecniche di cottura precise. Il famoso "riso fritto di Yangzhou" è un esempio noto della gastronomia di questa regione.

La **cucina della provincia costiera dello Zhejiang** pone una forte enfasi sui sapori naturali degli ingredienti. La cottura a vapore, l'ebollizione e la friggitura rapida sono metodi comuni, e l'uso dell'aceto è un tratto distintivo in molti piatti. Il maiale Dongpo, un piatto di pancetta brasata, è un classico esempio di piatto tipico.

La **cucina della sud-orientale del Fujian**, è conosciuta per i suoi piatti a base di frutti di mare e l'uso innovativo di zuppe. La combinazione di sapori dolci, acidi e salati è un tratto distintivo.

Le polpette di pesce brasate in un brodo saporito illustrano i sapori complessi di questa regione.

La **cucina della provincia centrale dell'Hunan** è caratterizzata dai suoi sapori audaci e piccanti, simili alla cucina sichuanese. Tuttavia, i piatti dell'Hunan spesso incorporano una maggiore varietà di ingredienti, tra cui carne stagionata e fagioli di soia fermentati. Il famoso "Maiale rosso brasato del presidente Mao" è un piatto ben noto dell'Hunan.

La **cucina dell'Anhui** presenta sapori rustici e robusti. L'uso di erbe selvatiche, funghi locali e carne di selvaggina contribuisce al profilo di gusto robusto dei piatti dell'Anhui. "Tartaruga stufata con prosciutto e germogli di bambù" è un esempio classico della gastronomia dell'Anhui.

I **piatti vegetariani** sono molto diffusi sin dall'epoca della dinastia Song (960-1279) e la loro preparazione fu perfezionata in epoca Ming e Qing (1368-1911), quando furono suddivisi in tre categorie: piatti vegetariani dei monasteri, piatti vegetariani di corte e piatti vegetariani del popolo.

Le caratteristiche principali dei piatti vegetariani sono il loro stile unico e i benefici per la salute. Gli ingredienti principali comprendono verdure a foglia verde, frutta, funghi mangerecci e il tofu, tutti conditi con olio vegetale. Questi piatti sono molto gustosi, ricchi di sostanze nutrimenti e facili da digerire e tradizionalmente si ritiene che siano utili per prevenire le malattie e le infezioni.

Principi culinari

La gastronomia cinese è guidata da un insieme di principi culinari che si sono affinati nel corso dei millenni. Questi principi comprendono l'equilibrio dei sapori, delle consistenze, dei colori e degli elementi nutrizionali in un pasto.

I seguenti principi chiave sono essenziali nell'arte della cucina cinese:

1. **Armonia dello Yin e dello Yang**. La filosofia dello Yin e dello Yang, che rappresenta l'equilibrio degli opposti, è profondamente radicata nelle tradizioni culinarie cinesi. Un pasto ben bilanciato dovrebbe armonizzare elementi contrastanti come dolce e salato, caldo e freddo, morbido e croccante per creare un'esperienza gastronomica olistica;

2. **Teoria dei Cinque Elementi**. Radicata nell'antica cosmologia cinese, la teoria dei Cinque Elementi (legno, fuoco, terra, metallo, acqua) è applicata alla cucina per raggiungere un equilibrio di sapori ed energie. Ogni elemento corrisponde a sapori e tecniche di cottura specifici, guidando gli chef nella creazione di piatti ben bilanciati e nutrienti;

3. **Colore e Presentazione**. La cucina cinese pone una forte enfasi sull'aspetto visivo di un piatto. L'uso di colori vibranti e contrastanti e la disposizione esteticamente piacevole sul piatto sono considerati essenziali. Un piatto visivamente attraente non solo stimola l'appetito ma riflette anche l'abilità e la creatività dello chef;

4. **Stagionalità**. Le tradizioni culinarie cinesi enfatizzano l'uso di ingredienti freschi e stagionali per migliorare i sapori e il valore nutrizionale dei piatti. Le variazioni stagionali negli ingredienti influenzano le scelte del menu e contribuiscono alla natura dinamica della gastronomia cinese;

5. **Contrasto di consistenze**. Raggiungere un equilibrio di consistenze è cruciale nella cucina cinese. Un pasto ben

progettato include una varietà di consistenze, come tenero, croccante, gommoso e croccante, creando un'esperienza sensoriale che aggiunge profondità al piacere complessivo del piatto.

Rilevanza sociale e culturale

Oltre alle sue intricate sfumature culinarie, la gastronomia cinese detiene una profonda rilevanza sociale e culturale. I pasti in Cina sono considerati un'attività comunitaria che favorisce i legami sociali e riflette i valori di famiglia e comunità. Il pranzo tradizionale cinese è caratterizzato dalla pratica di condividere i piatti, consentendo alle persone di assaporare una varietà di sapori in un'unica seduta.

Il Capodanno cinese, noto anche come il Festival di Primavera, è un momento cruciale per i raduni familiari e i festosi banchetti. Piatti tradizionali associati a questa celebrazione, come dumpling, pesce e lunghe tagliatelle, portano significati simbolici di prosperità, fortuna e longevità.

La cultura del tè è parte integrante della gastronomia cinese, con una ricca storia che risale a migliaia di anni. Le cerimonie tradizionali del tè sono rispettate per le loro qualità meditative, enfatizzando la consapevolezza e l'apprezzamento dei sapori delicati. Diversi tipi di tè, come il tè verde, il tè oolong.

L'importanza del cibo nella cultura cinese

Gran parte degli occidentali ha assaggiato e gustato nei propri paesi cibi cinesi di vario tipo e potrebbe anche aver imparato la raffinata arte di mangiare con le bacchette. La gente si ricorda ancora delle carestie (le ultime risalgono agli scorsi anni Sessanta) e vi sono tuttora delle zone in cui la dieta delle persone è limitata e povera. La refrigerazione è oggi molto diffusa, e si sta diffondendo sempre di più l'abitudine di avvalersi di cibi pronti, soprattutto liofilizzati ed essiccati a cui aggiungere soltanto acqua calda, come i vari tipi di spaghetti. Tuttavia in casa il cibo è spesso cucinato di volta in volta a ogni pasto e, almeno per quanto riguarda le realtà rurali, il pesce, il pollame e gli altri animali commestibili spesso vengono uccisi solo poco prima di essere cucinati. Ragionando in termini strettamente occidentali, non è facile stabilire se i cinesi seguono una dieta "sana". In Cina si consumano molte verdure, gli alimenti sono cotti velocemente in modo che le sostanze nutrienti non vengano distrutte ed è costume mangiare quantità relativamente limitate per volta e abbastanza frequentemente: i cinesi "mangiucchiano" durante tutto il giorno piuttosto che consumare pasti abbondanti. In compenso, in cucina fanno largo uso del salatissimo glutammato monosodico (GMS o esaltatore di sapidità), come pure dello zucchero, e in alcune regioni della Cina c'è un'alta incidenza di certi tipi di cancro, dovuta all'uso eccessivo della conservazione in salamoia, l'unico modo per conservare certe verdure per tutto l'inverno. Infine, soprattutto, nei piatti saltati vi è largo utilizzo di oli, spesso di scadente qualità, e grassi vari; insomma a un impianto tendenzialmente buono, in Cina la cucina abbina un uso abbastanza insalubre e abbondante di condimenti.

Qualora abbiate specifiche esigenze alimentari potreste trovarvi in difficoltà in Cina, ma in linea generale e soprattutto per brevi soggiorni non avete nulla di cui preoccuparvi. In tutti i casi, i visitatori occidentali troveranno un fantastico assortimento di cibi diversi, alcuni squisiti (ravioli, zuppe agrodolci, la marmitta mongola e centinaia di altre prelibatezze), altri un po' meno secondo i gusti degli occidentali, come per esempio l'uovo centenario o certi spiedini e zuppe dai dubbi ingredienti. Se siete sopraffatti dal desiderio di mangiare qualcosa di più familiare, oggi la soluzione è a portata di mano. Nelle città più grandi, ci sono tantissimi fast-food che vendono hamburger e pizze, come pure ristoranti italiani, indiani, giapponesi, coreani e messicani e supermercati appena aperti in cui si trovano prodotti di ogni tipo.

Le diverse cucine regionali

Una cosa che contraddistingue la cucina cinese è la sua grande varietà regionale, aspetto che sicuramente si perde nei ristoranti cinesi che si trovano in Italia e all'estero. Tradizionalmente i piatti cinesi appartengono a quattro, otto e dieci scuole culinarie, a seconda di quale esperto si consulta. Quattro di queste scuole sono la cucina di Canton, quella dello Shandong, quella del Sichuan e la cucina di Yangzhou; se a queste si aggiungono le cucine dell'Hunan, del Fujian, dell'Anhui e dello Zhejiang si arriva a otto, e se si considerano anche le cucine di Pechino e di Shanghai il totale arriva a dieci. Come linea assolutamente generale possiamo distinguere tra una Cina del nord e una del sud, nella prima predominano il grano e altri cereali mentre al sud il padrone incontrastato è il riso. Da qui vediamo come le pietanze di accompagnamento più comuni siano, al nord, panini al vapore e paste, mentre al sud, riso bianco senza condimento e leggermente colloso.

Di base i cinesi distinguono il gusto in cinque tipologie: dolce, agro, amaro, piccante e salato, ogni cucina regionale spesso si contraddistingue per enfatizzare un aspetto, per esempio il piccante nella cucina occidentale del Sichuan, anche se ogni gusto viene giustamente rappresentato.

Dovreste provare anche la cucina in stile mediorientale delle minoranze musulmane, come gli Hui e gli Uiguri, i cui chioschi lungo le strade offrono squisiti (e molto economici) *kebab* di montone con insalata e salsa piccante, avvolti in un pane che ricorda un po' il naan indiano, un po' la pagnotta del kebab, oltre a varie focacce dal sapore molto mediorientale.

Mangiare serpenti

"Tsou fung hei, ng seh fei" (L'arrivo dei venti autunnali indica che i cinque serpenti sono già abbastanza grassi per poter essere mangiati).

In Cina quasi tutti i serpenti (il pitone, il cobra, il bungaro, l'elafide) sono considerati una prelibatezza. Esistono molti piatti a base di serpente (il serpente fritto, il fegato di serpente in salsa di soia, le pelle di serpente fritta) che si mangiano prevalentemente in inverno. A Hong Kong si possono comprare confezioni di filetti di serpente e zuppe di serpente solubili, ma c'è anche il vino di bile di serpente, sarnSeh. Il piatto più comune è il brodo di serpente, che probabilmente è anche quello che sarete disposti a provare per primo.

I dim sum

Esistono vari piatti cantonesi che molto spesso vengono serviti soltanto a pranzo o come spuntini a orari insoliti, magari anche poco prima di coricarsi. Il termine dim sum li comprende tutti. In Cina non vengono serviti ai pasti principali, tuttavia la popolarità che hanno acquistato in occidente ha fatto sì che molti ristoranti cinesi facciano un'eccezione alla regola.

Dim sum significa "cuoricino"; infatti quasi tutti sono gnocchetti cotti al vapore e farciti in vario modo. Vengono serviti in contenitori cilindrici di legno o bambù disposti uno sull'altro. A Hong Kong ci sono ristoranti che servono sotanto dim sum, in cui le cameriere circolano per il ristorante portando dei vassoi rotondi e chiamando ad alta voce il nome del dim sum che contengono.

Per ordinare basta fare un cenno alla cameriera che porta il vassoio desiderato e il conto viene preparato contando il numero di piatti presenti sul tavolo. In questa sezione ho elencato i principali tipi di dim sum e qualche altro stuzzichino.

Il tè al gelsomino e vino di riso

I cinesi bevono grandi quantità di tè (soprattutto tè verde, mentre nei paesi occidentali è più comune quello nero) senza l'aggiunta di limone, latte né tantomeno zucchero. Il tè viene bevuto di continuo in ogni occasione, e nei ristoranti è continuamente rifornito e disponibile. Di norma il tè è servito in tazze alte dotate di coperchio per mantenerlo caldo. Non si usano né bustine né colini e per riuscire a bere il tè senza ingerire le foglie è necessaria molta concentrazione: quando lo bevete, cercate di usare il coperchio come filtro.

Il tè è suddiviso in verde, nero, profumato, bianco e Wulong. I tè verdi più pregiati sono il Longjing e il Biluochun, quelli neri più comuni sono il Qihong e lo Yunfeng; fra quelli profumati il più rinomato è il tè al gelsomino, mentre i tè bianchi più diffusi sono lo Yinzhenbaihao, il Gongmei e lo Shuomei e quelli di tipo Wulong più noti sono il Dahongpao e il Tieguanyin. I cinesi spesso regalano barattoli con bellissime decorazioni contenenti tè speciali e anche pregiati.

Un'altra bevanda cinese è il vino di riso giallo, servito caldo in tazzine di porcellana. Il suo sapore ricorda un po' il Porto e simili vini liquorosi. Più letale è il *maotai* e il *baijiu,* una sorta di vodka cinese assolutamente forte; ci sono anche numerose birre leggere, come pure una crescente varietà di vini cinesi; fra questi ultimi la marca più nota è forse la Grande Muraglia, dato che i suoi produttori hanno creato una joint venture con un viticoltore francese. Ovunque si trovano bevande analcoliche come l'acqua minerale e la Coca-Cola, e i succhi fatti con i frutti tropicali che crescono nel sud della Cina sono deliziosi.

La tranquillità delle case da tè

Un'interessante novità è stata la ricomparsa alla fine degli anni Novanta delle case da tè, un tempo rifugio degli intellettuali e dei letterati, che vi trascorrevano ore facendo conversazioni stimolanti o componendo poesie.

Nella Cina comunista e stakanovista questi luoghi erano considerati un residuo decadente della società feudale.

Cibo e bevande

Grazie però al passaggio alla settimana lavorativa di cinque giorni e al crescente interesse per il tempo libero di qualità, nelle città principali stanno aprendo numerose case da tè tradizionali.

Le case da tè hanno una cosa in comune: la tranquillità (un bene prezioso in Cina). L'atmosfera tranquilla è spezzata solo dalla musica rilassante dello *zhang*, uno strumento a pizzico con ventuno o venticinque corde che ricorda un po' la cetra. Le conversazioni si svolgono in genere sottovoce. Le case da tè sono situate in posti silenziosi e bellissimi, spesso vicino ai laghi, e oggi se ne trovano molte in gran parte delle città. Le case da tè hanno ora il loro spazio anche in TV: la televisione inglese Granada ha prodotto con la TV cinese una soap opera di 230 puntate chiamata *Joy Luck Street*, che si svolge in una casa da tè e si ispira alla lunga serie televisiva inglese *Coronation Street*, il cui set è un tipico pub inglese.

Il paradiso dei fumatori

Il vizio del fumo è assai diffuso fra gli uomini cinesi, molto meno fra le donne, e durante i pasti formali insieme al tè vengono sempre offerte le sigarette, tanto che a inizio cena vengono messi dei pacchetti di sigarette a uso comune. Gran parte dei cinesi non sembra preoccuparsi per i danni alla salute provocati dal fumo e ne fa uso in gran quantità. Nei ristoranti è molto difficile evitare il fumo degli altri. La sera, potreste anche vedere nei vari locali dei giovani cinesi che, con la sigaretta accesa in una mano e i bastoncini nell'altra, riescono a mangiare e a fumare contemporaneamente.

Il parere di un critico gastronomico

I menu cinesi sono fra i più difficili da comprendere. Per molto tempo ho sperato che tutti quei numeri che appaiono sui loro menu, avessero un valore univoco, e cioè che il numero 14 indicasse sempre gli involtini primavera e il numero 256 l'anatra dagli otto gioielli, indipendentemente dal fatto che mi trovassi a Wigan o a Valparaiso. Purtroppo non è così semplice, anzi le difficoltà sono enormi. Già 4000 anni fa la cucina cinese era un'arte degna di essere trattata nei libri e questa tradizione ha dato vita a tanti piatti da riempire più volte lo spazio di questo libro.

Il secondo problema è dato dalle dimensioni di questo paese: la Cina è immensa e, dato che il suo clima varia parecchio da provincia a provincia, la varietà della sua cucina è paragonabile a quella dell'intera Europa, dalla Scandinavia alla Spagna e fino alla Turchia. Nonostante le sue dimensioni, soltanto l'11% della terra è coltivabile. Ci si potrebbe aspettare che questo elemento costituisca una limitazione, soprattutto se confrontato con l'abbondanza di terreni coltivabili della Francia o della stessa Italia, e invece, la cucina cinese fa di necessità virtù, e riesce a essere altamente inventiva: nessun altro paese cucina zampe palmate di uccelli, zampe di orsi, serpenti, cani e topi. E proprio a causa della sua "povertà", la cucina cinese è stata esportata in quasi tutti i paesi del mondo, e si è necessariamente adattata al gusto dei paesi che l'hanno accolta. Un piatto classico cinese in India può essere così speziato da risultare completamente diverso dal piatto con lo stesso nome cucinato a New York. Il chop suey, considerato uno dei piatti "cinesi" più famosi, non è affatto cinese, ma americano. Un altro degli ostacoli che si possono incontrare nella lettura di un menu cinese è costituito dal fatto che i nomi dei piatti cinesi possono essere in una delle tante lingue del paese traslitterata in uno dei tanti modi possibili. Tuttavia, non ci si deve far spaventare da queste considerazioni, perché la cucina cinese non ha eguali e non sperimentarla sarebbe un vero peccato. Ogni regione comprende poi diverse variazioni previste dai diversi stili regionali della cucina cinese. Inoltre, molti piatti tipici di una regione vengono cucinati anche in altre apportando soltanto lievi modifiche.

Le tre differenziazioni principali sono le seguenti: la cucina cantonese è ricca di pietanze cotte al vapore, oppure scottate prima di essere velocemente fritte in poco olio e il riso fa parte di ogni pasto; la cucina settentrionale (spesso definita pechinese) è generalmente più sostanziosa e presenta un maggior numero di piatti fritti in olio abbondante, che risultano particolarmente croccanti, come l'anatra alla pechinese. Il vino viene ampiamente utilizzato in cucina, anche le spezie hanno un ruolo importante e il pane, al forno, cotto al vapore o fritto, spesso sostituisce il riso. La cucina di Shanghai è più grassa e ricca di amidi, fa maggior uso di olio, soprattutto di semi di sesamo, per friggere, e il cibo viene cucinato più a lungo, sia che venga cotto in umido che al vapore. Si utilizzano maggiori quantità di spezie, aglio, zenzero e pepe, cucinate a lungo in modo da impregnare gli ingredienti solitamente tagliati a dadini. La pasta lunga (noodles) spesso sostituisce il riso. In Manciuria e nell'interno della Mongolia si fa largo uso di carne, soprattutto agnello, difficile da trovare più a sud. Szechuan è famosa per la sua cucina molto speziata, attualmente molto di moda in occidente.

8. Regole e regolamenti

Da dicembre 2023 senza visto

Da dicembre 2023 non è più necessario il visto per visitare la Cina: superato il periodo di chiusura conseguente al Covid, in Cina molto più lungo che nel resto del mondo, il governo ha preso questa misura per cercare di tornare rapidamente ai grandi flussi di turisti presenti fino al 2019.

Il Tibet

Il Tibet oggi è molto più accessibile ai visitatori stranieri rispetto al passato. I turisti tuttavia devono ancora richiedere un visto separato: il "Tibet Entry Permit" che consente l'accesso al Tibet e alla valle di Lhasa, per altre regioni del Tibet è necessario richiedere il permesso denominato "Alien Travel Permit"; in ogni caos rivolgevi agli uffici consolari menzionati sopra per tempo vi indicheranno come procedere. È decisamente probabile che dovrete appoggiarvi a un'agenzia di viaggio cinese o convenzionato, ovviamente per ragioni squisitamente politiche e di controllo dei turisti in una regione "sensibile" per la Repubblica Popolare Cinese. Dal 2006 Lhasa è collegato a Xining, capitale della provincia cinese del Qinghai, e quindi a Pechino via treno. Nota come Treno del Cielo o Tibet Express, è la linea ferroviaria più alta al mondo, dato che mediamente viaggia a 4000 m di quota, è dotata di vagoni pressurizzati come gli aerei e il personale distribuisce medicinali contro il mal di montagna per permettere ai viaggiatori di acclimatarsi alle quote dell'altopiano tibetano. Se viaggiate con l'aereo, arrivando da una città di pianura, potrebbe succedervi come a un giornalista occidentale che ha trascorso a letto tre giorni dei quattro previsti dal suo visto a causa del mal di montagna. Il corpo ha bisogno di tempo per acclimatarsi all'aria più rarefatta e alla differenza di pressione di Lhasa che se si trova a 3683 m slm.

Zone sensibili

Anche se gran parte della Cina è ora accessibile agli stranieri, ci sono ancora alcuni posti, soprattutto nelle "zone sensibili" di confine, che sono vietate; si consiglia di verificare in anticipo quali sono, perché si sono verificati casi di viaggiatori arrestati e interrogati per essere entrati in queste zone, e successivamente persino espulsi dal paese.

Gli stranieri che visitano la Cina con un normale permesso di viaggio non possono dedicarsi ad attività che non sono conformi al tipo di status riconosciuto al momento del rilascio del visto, come intraprendere un lavoro, studiare o fare servizi giornalistici. Le autorità sono particolarmente ostili nei confronti di quei giornalisti che si fingono turisti per riuscire a viaggiare in zone strategiche come il Tibet o lo Xinjiang senza essere sorvegliati. Un discorso simile al Tibet (vedi paragrafo precedente) vale anche per lo Xinjiang, la regione autonoma a nord ovest, proprio sopra il Tibet abitata dalla minoranza uigura, di origine turca e musulmana.

Denaro e sicurezza

Un tempo gli stranieri erano obbligati a pagare con gli EFC (Foreign Exchange Currency, anziché con i *renminbi* ("moneta del popolo", RMB), chiamati anche *yuan*, che non è possibile acquistare all'estero. Ci sono banconote da

1, 5, 10, 50 e 100 *yuan*. Il renminbi si divide in 100 fen, di cui circolano monete da 1, 2, 5 e 10. Per complicare le cose, i cinesi chiamano la moneta da 10 fen *jiao* oppure *mao*.

Euro e dollari sono molto richiesti, ma i cambiavalute illegali possono mettervi nei guai. La contraffazione è un problema e la possibilità che vi vengano rifilate delle banconote false da 50 o 100 yuan è molto alta. Il tasso di cambio sembra essere lo stesso ovunque, per cui non perdete tempo a cercare le condizioni più convenienti. A Pechino ci sono filiali delle principali banche occidentali oltre a bancomat abilitati col sistema ATM, ma non dovreste avere difficoltà a cambiare i travellers' cheque o il denaro anche presso le filiali della Bank of China o nel vostro albergo. Conservate tutte le ricevute dei cambi di denaro, perché vi potranno servire per riconvertire la valuta locale nella vostra prima di lasciare il paese, anche se pure in questo caso le regole sono meno rigide.

Le carte di credito sono sempre più accettate a parte qualche zona rurale, in Cina si utilizza soprattutto il circuito di pagamento UnionPay (non molto diffuso in Europa) ma anche il circuito Visa è piuttosto accettato.

Molti cinesi ora pagano con WeChat o altre forme di pagamento via cellulare. State attenti ai borseggiatori, un altro fenomeno che si sta diffondendo sempre di più: molti disoccupati vanno nelle grandi città alla ricerca disperata di lavoro e secondo un certo stereotipo ogni straniero è ricco. Il tasso di criminalità in Cina è incredibilmente basso.

Acquisti

Fare acquisti è un'altra attività per il tempo libero a cui ora si dedicano anche i cinesi. L'avvento dei centri commerciali a partecipazione straniera e del mercato più libero per i beni di consumo ha determinato la diffusione in tutta la Cina della concorrenza, grazie alla quale ora nel paese si trova un'ampia varietà di merci che si possono acquistare in un numero sempre maggiore di negozi, come non si era mai visto prima dell'era delle riforme economiche; e il fenomeno è talmente macroscopico che la Cina è di fatto diventata un paradiso dello shopping. Nelle città principali i negozi in genere sono aperti dalle 9 alle 21 sette giorni alla settimana, e in molti casi anche fino alle 22.

Nei negozi come nei centri commerciali i prezzi sono fissi. Nei mercati e nelle piccole bancarelle questa pratica è normale perché la merce viene messa in vendita a un prezzo tre volte superiore a quello finale. Molti dei nuovi ambulanti sono giovani donne assai astute (gli uomini nei mercati sembrano passare in seconda linea) che saranno insistenti ma non aggressive e che spesso oltre all'inglese conoscono anche un po' di russo, francese e tedesco. Nel giro di dieci anni la Cina si è trasformata da un paese in cui non c'era quasi niente da comprare in un luogo che viene giustamente definito "la fabbrica del mondo", tra cui gran parte dei vestiti venduti nei negozi occidentali, comprese le boutique di lusso specializzate in abiti firmati; le fabbriche cinesi producono per il mercato mondiale anche cappelli, biancheria intima, gioielli, borse, zaini, mobili, lampade e lampadari, macchine fotografiche digitali, computer, telefoni cellulari e televisioni. Nei grandi centri di svendita, meglio noti come "mercati dei falsi" troverete merce contraffatta vera e propria e anche seconde scelte e avanzi di produzione di tutte le grandi marche a prezzi davvero convenienti: resistere sarà decisamente difficile!

Cosa acquistare

A parte i vestiti e gli altri prodotti fabbricati in Cina per essere esportati in Occidente e in Giappone, la Cina è ricca di oggetti d'artigianato che riflettono le sue lunghe tradizioni culturali e la cui produzione è in piena espansione. I piccoli oggetti lavorati, i ricami, le ceramiche e le porcellane, gli oggetti di vetro, i tessuti, le stampe, le sculture colorate in legno e le riproduzioni perfette di pezzi antichi sono tutti fatti a mano in modo raffinato; questo è possibile perché il lavoro manuale è ancora abbastanza economico.

I tappeti cinesi fatti a mano sono molto richiesti nei mercati internazionali. Anche alcuni articoli di arte popolare sono molto interessanti e vale la pena cercarli per regalarli quando tornate a casa; fra questi ci sono i patchwork e le bellissime decorazioni realizzati dalle contadine con la carta e le forbici.

Gli stranieri devono fare attenzione a comprare oggetti d'antiquariato, che devono essere acquistati nei negozi ufficiali e devono essere dotati di un sigillo speciale che ne autorizza l'esportazione. La Cina ha perso abbastanza oggetti d'antiquariato e ora si tiene stretta quel che è rimasto. Una maggior quantità di pezzi d'antiquariato acquistabili in modo legittimo si trova a Hong Kong, dove furono portati dalle famiglie che abbandonarono il paese a causa dei disordini degli scorsi anni trenta e quaranta. Si possono trovare, ovviamente, anche dei bellissimi falsi! Prestate sempre molta attenzione ad acquisti fatti fuori dai negozi ufficiali legalmente riconosciuti e certificati, in Cina non si falsificano solo le merci occidentali!

Vita notturna

Un tempo nelle grandi città cinesi tutte le attività cessavano alle 20, adesso invece non si fermano mai e la Cina offre un numero sempre maggiore di intrattenimenti e di attività per il tempo libero. Oltre ai cinema, ai teatri e ai fast-food (le pizze e gli hamburger furoreggiano), esistono locali con karaoke, cyber-café, bar e locali notturni, tutti pronti ad accogliervi e ad aiutarvi a spendere un po' di soldi. Spesso in questi posti ci sono numerose "hostess" cinesi e occidentali che tendono ad avere un trucco pesante e a essere vestite in modo provocante.

Nelle grandi città cinesi e in misura infinitamente maggiore a Hong Kong potete trovare ogni possibile divertimento notturno, dai locali tranquilli alle discoteche.

9. Informazioni pratiche e tempo libero

Muoversi in città

Passeggiare nelle città è molto piacevole, o almeno in certi quartieri dato il traffico e l'inquinamento: la zona dei laghi nel centro di Pechino, gli *hutong*, i vari parchi, rendono l'esperienza estremamente piacevole, di contro le grosse arterie sono trafficante e traboccanti di smog oltre ogni limite Le città in Cina sono affollate e c'è molto da vedere, tenete però conto delle dimensioni, le città cinesi sono enormi e i quartieri sono spesso molti distanti tra loro, per cui non pensate di poter girare una città cinese come una piccola capitale europea, per cui attenzione alle distanze! Per quanto riguarda le camminate in campagna, i posti migliori sono nel sud-ovest, dove ci sono montagne e foreste di bambù da perlustrare, i sentieri sono segnalati e ci sono antichi monasteri buddhisti e piccole locande lungo la strada dove fermarsi.

Il noleggio di una bicicletta per spostarsi nelle città e nelle zone rurali pianeggianti è un'abitudine che si consiglia vivamente di imitare. I cinesi di recente preferiscono i più comodi motorini elettrici, quindi, per quanto numerose le biciclette vengono sostituite sempre più da vari mezzi a due ruote motorizzati.

Nella maggior parte delle città il servizio di taxi è ottimo e le automobili sono rigorosamente controllate e dotate di tassametro. Gran parte dei tassisti non parla inglese, per cui è bene attrezzarsi di conseguenza con indicazioni scritte o con un navigatore. Vi potrebbe capitare che un tassista si rifiuti di prendervi a bordo, se dovesse succedere, non vale la pena discutere, bisogna prenderla con filosofia, come tutte le altre cose che in Cina sono diverse rispetto all'Occidente.

Il mezzo di trasporto migliore per superare grandi distanze è l'aereo. I voli interni cinesi un tempo piuttosto carenti in termini di sicurezza, migliorano sempre più e ci sono numerose compagnie *lowcost* che migliorano molto la connessione interna al paese. Siate pronti tuttavia a lunghi ritardi senza che vi siano date spiegazioni. Un tempo molto costosi oggi risultano prezzi più abbordabili, anche grazie alla diffusione dei servizi di prenotazione *online*, ma sicuramente non interessanti e pittoreschi quanto i viaggi in treno.

Il treno è il mezzo di trasporto più utilizzato dai cinesi per viaggiare all'interno del paese, ma tenete presente che comprare un biglietto può essere estremamente difficoltoso e va fatto con largo anticipo rispetto alla data del viaggio. Il biglietto vale solo per un determinato treno, non perdetelo! I viaggi in treno offrono al viaggiatore la possibilità di farsi un'idea migliore di ciò che è veramente la Cina. A esclusione dei treni ad alta velocità, come quello che collega Shanghai ad Hangzhou o Pechino con le altre città del nord, sono mediamente lenti, però consentono di interagire moltissimo con i cinesi, anche senza saper spiccicare una parola. In treno, forse per la comune situazione di viaggiatori, i cinesi dimostrano tutta la loro gentilezza e disponibilità, offrendovi cibo, bevande e cercando di interagire in ogni modo. La rete ferroviaria è vastissima e sembra essere sempre affollata, soprattutto in occasione delle festività, quando tutti i cinesi si spostano per raggiungere le loro famiglie

In Cina è possibile viaggiare con pullman a lunga percorrenza anche in questo caso il servizio è progressivamente migliorato negli anni nonostante lo stile di guida decisamente poco sicuro che vede una purtroppo alta frequenza di incidenti.

Anche se sono spesso affollati, i viaggi in nave sono piuttosto comuni e possono essere molto piacevoli. Comunemente i viaggi via nave più intrapresi sono quelli lungo fiumi o canali: ci sono servizi regolari lungo il Fiume Azzurro, lungo il Gran Canale e lungo il Fiume delle Perle da Canton (Guangzhou) a Wuzhou. Oltre allo spostamento viaggiando sui grandi fiumi cinesi avrete l'occasione di esplorare il territorio e i meravigliosi paesaggi come le numerose gole tra le montagne e i laghi

Accesso per i disabili

In Cina i luoghi attrezzati per l'accesso ai disabili non sono molti, ma la situazione sta migliorando. All'epoca delle feroci lotte di potere della Rivoluzione Culturale, Deng Puofang, uno dei figli di Deng Xiaoping, fu costretto su una sedia a rotelle dopo che le Guardie Rosse lo avevano gettato da una finestra rompendogli la schiena. Il figlio dell'ex presidente ha dedicato il resto della sua vita alle campagne per un maggior riconoscimento dei diritti delle persone portatrici di handicap.

Gli autobus e i treni non sono attrezzati per i passeggeri su sedie a rotelle e così quasi tutti i bagni. Poiché molte consegne nei negozi e negli uffici sono ancora fatte con carretti e biciclette, questi luoghi sono fortunatamente dotati di rampe d'accesso che possono essere utilizzate dai disabili. Altre informazioni si trovano sui siti Internet specializzati.

Pranzi e cene

A tavola

È possibile che, se avete contatti in Cina, familiarizziate molto, oppure viaggiate per lavoro, sarete invitati a pranzo o a cena. Le portate dei pranzi e delle cene possono essere molte, per cui prendetevela con calma. Nel nord della Cina il pasto in genere inizia con un piatto di antipasti freddi e termina di solito con una zuppa, che nel sud potrebbe invece essere la prima portata. In linea di massima i cinesi non mangiano il dessert, anche se vi potrebbe essere servita della frutta (in genere arance già tagliate). Se ci sarà del riso, verrà servito solo verso la fine del pasto: il riso è considerato un cibo che serve a saziare gli ospiti nel caso in cui abbiano ancora fame, pertanto sarà beneducato lasciarne un po' nella ciotola, per dimostrare che avete mangiato abbastanza e che non avete quindi bisogno di altro; anche gli spaghetti sono una consuetudine di fine pasto, soprattutto nel nord del paese: questa pasta lunga cinese viene servita in bianco con vari condimenti e l'ospite condisce il proprio piatto a piacere.Per prendere il cibo dal piatto di portata guardate come fanno i commensali cinesi, che potrebbero usare un cucchiaio apposito, ma il più delle volte utilizzeranno le loro bacchette. Potrebbero esserci anche delle "bacchette pubbliche" (*gong kuaize*) che vengono usate da tutti per servirsi il cibo.

Non sorprendetevi se chi vi ospita metterà di continuo i bocconi più prelibati nel vostro piatto; questo è un modo per onorare l'invitato, che deve sempre aspettare di essere sollecitato a mangiare prima di servirsi. Potrebbero darvi un piccolo asciugamano umido e caldo per pulirvi le mani, che di solito è distribuito all'inizio e si può utilizzare come tovagliolo durante il pasto. Se volete togliervi qualcosa dalla bocca, non utilizzate le dita, ma le vostre bacchette o il cucchiaio di porcellana per la zuppa. I cinesi sputerebbero il cibo indesiderato direttamente in un piattino, per cui, se volete, potete fare altrettanto. Sollevare la ciotola (qualsiasi cosa contenga) in modo da avvicinarla alla bocca non è un gesto maleducato e vi aiuterà a mangiare con meno problemi la zuppa o il riso.

Alcolici e tè

I liquori sono molto importanti per fare i brindisi durante i banchetti o i pranzi ufficiali, è assai probabile che durante i pasti si stappino grandi quantità di birra cinese (leggera e poco alcolica): la più famosa, anche in Italia, è la Tsing Dao, prodotta a Qingdao, nella regione dello Shangdong. In alcune zone si ricorrerà alle varie grappe, prestate attenzione in questo, in generale però i cinesi tendono sempre a mangiare quando bevono alcolici. Vicino al vostro piatto troverete probabilmente tre bicchieri, uno per l'ottima birra cinese servita abitualmente durante i pasti e non troppo forte, uno per il vino (che potrebbe essere sia il tipo che assomiglia al vermouth sia uno dei vini tipici locali, piuttosto dolci) e uno più piccolo utilizzato per un liquore più forte come il *maotai* (o il *baijiu)*, che è distillato dal sorgo o dal riso e ha una gradazione alcolica del 60-70%. Il *maotai* è in genere usato per i brindisi e spesso vedrete che i cinesi lo bevono tutto d'un fiato (ma i bicchieri sono molto piccoli). Nel caso di un brindisi potrete essere sfidati al Gan Bei ("Secca il bicchiere"): dovrete allora vuotare il bicchiere tutto di un fiato.

Partecipando a un banchetto non formale sforzarsi di comunicare è importante e fare sentire i vostri ospiti onorati delle vostre attenzioni. Iniziare una conversazione può sembrare difficile, ma è molto utile. Buoni argomenti sono il cibo, vari aspetti legati alle festività, ai luoghi che avete visitato, alle differenze tra il vostro paese e la Cina. Non parlate mai di religione, burocrazia, politica, e in particolare questioni spinose come Tibet e Taiwan, né tantomeno di sesso, anche tra i più giovani è un argomento riservato a rapporti estremamente intimi. Argomenti leggeri come le vacanze, il turismo, i viaggi e i progetti per il futuro sono adeguati, così come è apprezzato che parliate della vostra famiglia.

Connessione internet

La connessione internet è ormai uniformemente diffusa e piuttosto ben efficiente in Cina, questo ha semplificato molto i rapporti professionali. Le e-mail sono inoltre più adatte allo stile cinese di trattare gli affari, poiché chi le riceve ha tempo per riflettere prima di rispondere. Tuttavia i cinesi, come anche gli americani, tendono ad abusare enormemente dello strumento delle mail inondando la controparte di comunicazioni spesso sintetizzabili. Anche i telefoni cellulari e smartphone sono un altro straordinario successo in Cina.

Prima della diffusione delle tecnologie digitali i cinesi avevano telefoni in comune, fra i residenti di un intero caseggiato poteva esserci un solo telefono e riuscire a parlare con la persona desiderata poteva richiedere lunghe attese. Al lavoro le persone tendevano a fare tutte le telefonate che non potevano fare a casa, per cui anche telefonare nei posti di lavoro era difficile. Gli elenchi telefonici erano quasi inesistenti (come le cartine stradali); tutto ciò era una combinazione fra l'ossessione per la riservatezza e la mancanza di investimenti in infrastrutture moderne per la telecomunicazione. Oggi però ogni grossa azienda delle telecomunicazioni ha visto grandi opportunità e si è impegnata in grossi investimenti in Cina; l'impulso delle nuove tecnologie della comunicazione ha avuto un impatto enorme e i cinesi stanno recuperando il tempo perduto parlando in continuazione al telefono cellulare (di cui hanno i modelli più recenti) . In effetti l'ossessione cinese per internet è subito chiara a chiunque giri per le strade di una città cinese.

I social cinesi e censura online

La diffusione di internet è stata rapidissima così come la voglia cinese di notizie, informazioni e in generale di condivisione sui social network. Tuttavia se pensate di trovare in Cina gli stessi social network a cui siete abituati, ebbene, avrete una spiacevole sorpresa. Al fine di accentuare il controllo sulla circolazione delle notizie, e per isolare in parte la popolazione dai mezzi occidentali, in Cina esistono delle versioni alternative dei principali social network. Facebook, Twitter, Instagram, WhatsApp e Google sono censurati dal Great Fire Wall cinese, un sistema di censura che impedisce la connessione a questi siti dal territorio della Repubblica Popolare (a Hong Kong tutto funziona invece). Per semplificare e dare una panoramica della situazione cinese, *Weibo* sostituisce Facebook, **QQ** è la versione cinese di Twitter (o meglio, X), mentre *Youkou* è lo Youtube del Regno di Mezzo, per la messaggistica l'app più diffusa è *Wechat* (*Weixin* in cinese). È bene tenere presente queste limitazioni quando si arriva in Cina, limitazioni che vengono di solito aggirate con l'uso di particolari programmi VPN (Virtual Private Network) anche se la connessione rallenta molto. Per comunicare con amici e controparti cinesi dovrete quindi attrezzarvi per scaricare almeno *Wechat*: se fino all'estate del 2017 WhatsApp era poco diffusa ma lecita, ora è censurata a sua volta.

Orari di lavoro e vacanze

I cinesi vanno a lavorare molto presto, ma non sono molto efficienti per quanto riguarda l'utilizzo del tempo. Esiste a questo proposito un detto: "In Occidente si spreca tutto tranne il tempo; in Cina [dove tutto viene riciclato] noi non sprechiamo nulla tranne il tempo". In genere negli uffici, nei negozi e nelle fabbriche ci sono troppe persone e spesso quasi tutti non hanno molto da fare. La giornata di lavoro si interrompe per la pausa pranzo, che in genere si svolge presto, alle 12, e in estate dopo aver mangiato molti fanno una siesta (chiamata *xiuxi* in cinese). Il lavoro termina alle 16 o alle 17 e gli orari più prolungati sono rari, soprattutto perché i mezzi pubblici e le strade sono affollati e la gente deve fare viaggi lunghi e stancanti per tornare a casa.

All'epoca di Mao le vacanze erano quasi inesistenti. Oggi invece le vacanze pagate sono molto diffuse, soprattutto in occasione del Capodanno cinese (febbraio), della Festa dei Lavoratori (1° maggio) e della Festa della Repubblica (1° ottobre). In genere la settimana di vacanza concessa per una o per ognuna di queste festività serve per incoraggiare i cinesi, in genere abili risparmiatori, a uscire e a far muovere l'economia spendendo soldi nei negozi e nei ristoranti (e forse i cinesi ora pensano che queste giornate patriottiche siano più divertenti di un tempo). A quanto pare questa è stata una mossa vincente.

Le vacanze scolastiche sono simili a quelle in Occidente, con la sola grande eccezione che non esistono quelle del periodo natalizio. L'anno scolastico inizia a settembre. Le vacanze invernali cominciano a metà gennaio e terminano alla fine di febbraio, mentre quelle estive sono comprese fra metà luglio e la fine di agosto. Il periodo esatto delle vacanze invernali viene stabilito ogni anno, poiché la Festa di Primavera, che dipende dal calendario lunare, non ha una data fissa.

Come abbiamo visto, la puntualità è importante. Tuttavia quando sarete arrivati vi accorgerete che in Cina c'è molta meno fretta che nel frenetico Occidente.

Gli schemi di lavoro sono diversi da quelli occidentali; per esempio, i produttori televisivi occidentali, abituati a troupe che quando fanno un programma per la TV lavorano anche dieci ore al giorno, sostengono che quelle cinesi lavorano alla fine solo cinque ore al giorno, se si tiene conto della pausa pranzo e degli altri momenti di riposo. D'altro canto, potrete discutere e trattare con la vostra controparte cinese; se gli farete capire quello che volete da loro proveranno sempre a venirvi incontro. Ironia della sorte, in Cina non esistono regole sindacali; le norme sulla salute e sulla sicurezza sono molto permissive e, nel bene e nel male, ogni contratto dipende più o meno dalla singola azienda coinvolta.

Bibliografia

Guide

Leffman David, Lewis Simon, Atiyam Jeremy, *Cina del Nord*, Rough Guides, Antonio Vallardi Editore, Milano, 2004.

Leffman David, Lewis Simon, Atiyam Jeremy, *Cina del Sud*, Rough Guides, Antonio Vallardi Editore, Milano, 2004.

AA. VV., *Cina 1, Guide Lonely Planet*, EDT, Torino, 2002.

Mayhew Bradley, Miller Korina, English Alex, *Cina sud-occidentale*, Guide Lonely Planet, EDT, Torino, 2002.

Fazzioli Edoardo, *Chan Mei Ling Eileen, Caratteri cinesi: dal disegno all'idea, 214 caratteri per comprendere la Cina*, Mondadori, Milano, 2003.

Narrativa, libri di viaggio e autobiografie

Masi Edoarda, *Cento trame di capolavori della letteratura cinese*, Rizzoli, Milano, 1991.

Lu Xun, *Fuga sulla luna*, Garzanti, Milano, 1993.

Acheng, *La trilogia dei re*, Theoria, Roma-Napoli, 1994.

Li Ruzhen, Destini dei fiori allo specchio, O Barra O Edizioni, Milano, 2016.

Mian Mian, *Nove oggetti di desiderio*, Einaudi, Torino, 2001.

Mo Yan, *Sorgo Rosso*, Einaudi, Torino, 1986.

Jung Chang, Cigni selvatici: tre figlie della Cina, Longanesi, Milano, 1994.

Thubron Colin, *Oltre la muraglia: un viaggio in Cina*,

Ovejero José, *La Cina per ipocondriaci*, Feltrinelli Traveller, Milano, 2000.

Terzani Tiziano, *La porta proibita*, Longanesi, Milano, 1985.

Terzani Tiziano, *In Asia, Longanesi*, Milano, 1998.

Bibliografia

Storia

Gernet Jacques, *Il mondo cinese*, Einaudi, Torino, 1978.

Needham Joseph, *Scienza e civiltà in Cina*, Einaudi, Torino, 1983.

Chesneaux J., Bastid M. e Bergère M.C., *La Cina*, 2 voll., Einaudi, Torino, 1974.

Fairbank J.K., *Storia della Cina contemporanea*, Rizzoli, Milano, 1988.

Samarani Guido, *La Cina del Novecento: dalla fine dell'Impero a oggi*, Einaudi, Torino, 2004.

Bergère M.C., *La Repubblica Popolare Cinese*, Il Mulino, Bologna, 2000.

Tamburrino Lina, *La Cina dopo il comunismo*, Laterza, Roma-Bari, 1993.

Collotti Pischel Enrica (a cura di), *Cina oggi: dalla vittoria di Mao alla tragedia di Tian'anmen*, Laterza, Roma-Bari, 1991.

Economia e società

Weber Maria, *Il miracolo cinese: perché bisogna prendere la Cina sul serio*, Il Mulino, Bologna, 2003.

Pomeranz Kenneth, *La grande divergenza: la Cina, l'Europa e la nascita dell'economia mondiale moderna*, Il Mulino, Bologna, 2004.

Bianco Pialuisa, *La lunga marcia dei pop comunisti: la Cina nell'economia globale*, Marsilio, Venezia, 2000.

Sisci Francesco, *Made in China. La vita quotidiana in un paese che cambia*, Carrocci editore, Roma, 2004.

Wong Eva, *Il grande libro del feng-shui*, Mondadori, Milano, 2002.

Simons T. Raphael, *Guida pratica al feng shui*, TEA, Milano, 2000.

Cucina cinese

Antolini Piero, *Il grande libro della cucina cinese*, A. Mondadori, Milano, 1990.

Hirst Bamboo, *Il riso non cresce sugli alberi, ovvero La Cina in cucina*, La Tartaruga, Milano, 2002.

Scolari Stefano, *La Cina in tavola*, Demetra, Colognola ai Colli, 2001.

APP utili per cavarsela in Cina

Pleco – Chinese Dictionary. Ha una funzione sia per disegnare i caratteri sullo smartphone sia di ricerca attraverso il pinyin.

www.ingramcontent.com/pod-product-compliance
Lightning Source LLC
LaVergne TN
LVHW041315200726
843509LV00009B/496